चीन का इतिहास

चीन का इतिहास

प्रो. सी.ई. जीनी

वाणी प्रकाशन

प्रकाशन के उत्कृष्टतम 63 वर्ष

सजिल्द पहला संस्करण : 2008
सजिल्द दूसरा संस्करण : 2022
सजिल्द तीसरा संस्करण : 2026

vaniprakashan.com

वाणी प्रकाशन

4695, 21-ए, दरियागंज, नयी दिल्ली-110 002

फ़ोन : + 91 11 23273167, 23275710

शाखाएँ

अशोक राजपथ, पटना-800 004, बिहार

कॉफ़ी हाउस कैम्पस, महात्मा गांधी मार्ग, प्रयागराज-211 001, उत्तर प्रदेश

महात्मा गांधी अन्तरराष्ट्रीय हिन्दी विश्वविद्यालय, वर्धा-442 001, महाराष्ट्र

sales@vaniprakashan.in
vaniprakashan@gmail.com

Cheen Ka Itihas
by Prof. C.E. Jini

ISBN : 978-81-8143-288-9
History

मूल्य : ₹ 650

जी.एस. ऑफ़सेट, दिल्ली-110 095 में मुद्रित

वाणी प्रकाशन का लोगो मक़बूल फ़िदा हुसैन की कूची से

दो शब्द

चीन का इतिहास विश्व के प्राचीनतम सभ्यता वाले देशों में से एक है। भारतवर्ष की तरह चीन का इतिहास भी पाँच हजार वर्ष पुराना माना जाता है। चीन में तरह-तरह के ऐतिहासिक व सांस्कृतिक ग्रन्थ और पुरातन संस्कृति के अवशेष बहुत बड़े पैमाने पर पाए जाते हैं। संसार के अन्य राष्ट्रों की तरह चीन राष्ट्र भी अपने विकास के दौरान आदिम समाज, दास समाज और सामन्ती समाज की मंज़िलों से गुजरा था। 19वीं शताब्दी के मध्य से चीनी समाज धीरे-धीरे अर्ध-सामन्ती समाज में बदलता गया। 1 अक्टूबर 1949 को पीकिंग में चीन को एक लोकतंत्रात्मक गणराज्य घोषित किया गया। इस गणराज्य की स्थापना के साथ-साथ चीन ने एक समाजवादी समाज में पदार्पण किया और उसे 'खुला द्वार' की संज्ञा दी गई है। ऐतिहासिक विकास के इस लम्बे दौर में चीनी जनता ने अपने संयुक्त प्रयासों से एक शानदार संस्कृति का सृजन किया है।

प्रस्तुत ग्रन्थ को तीन खण्डों में विभाजित किया गया है :

प्रथम खण्ड : 'चीन, नामकरण, सीमाएँ, जातियाँ तथा संस्कृति' में कुल छह अध्याय सम्मिलित हैं। इनके माध्यम से भारतीय साहित्य में चीन का परिचय, चीन का इतिहास, उसके महत्त्वपूर्ण पुरातात्विक अवशेष, महाथाङ, राजवंश काल में पश्चिम की यात्रा के सम्बन्ध में उपलब्ध चीन में सामग्री, भारत और चीन-मैत्री सम्बन्धों की कड़ियाँ, चीन और भारत की राजनयिक मित्रता की 50 वीं वर्षगाँठ पर एक विहंगम दृष्टिपात किया गया है।

ग्रन्थ का **दूसरा खण्ड :** 'चीनी भाषा-संदर्शन' है। इसमें 7 से 14 तक के अध्याय समाहित हैं। इनमें क्रमशः भारतीय भाषा परिवारों की पारस्परिक निकटता और दूरी, हिन्दी और विश्व-भाषाएँ, लेखिका की चीन यात्रा, चीन के सन्दर्भ में हिन्दी का सामाजिक परिवेश, चीन में हिन्दी का अध्ययन-अध्यापन, चीन के उल्लेखनीय हिन्दी-विद्वान, हिन्दी फिल्मों के चीनी भाषा में अनुवादकर्ता वाङ्चिनफुङ् तथा हिन्दी दिवस 1999 की आख्या को सहेजा गया है।

तीसरा खण्ड : इसके अन्तर्गत 15 से 19 तक के अध्याय सम्मिलित हैं। 15वाँ अध्याय अन्तरराष्ट्रीय स्तर पर हिन्दी की स्थिति पर प्रकाश डालता है। शेष अध्यायों के अन्तर्गत विश्व-भाषाओं में हिन्दी के अध्ययन-अध्यापन केन्द्र, विदेशों से निकलनेवाली हिन्दी की पत्र-पत्रिकाएँ, विदेशों में कार्यरत स्वैच्छिक संस्थाएँ और हिन्दी की उन कमियों की ओर संकेत किया गया है, जिनकी पूर्ति अतीव आवश्यक है।

लेखिका उन सभी विद्वानों के प्रति हृदय से आभार व्यक्त करती है, जिनके लेखों को ग्रन्थ की आवश्यकता की दृष्टि से यथावत् सम्मिलित किया गया है। खासतौर से चीन-प्रवास के दौरान उन सभी हिन्दी-प्रेमी विद्वानों तथा अध्येताओं को साधुवाद देना मैं अपना सौभाग्य मानती हूँ जिनकी प्रत्यक्ष तथा परोक्ष प्रेरणा से मुझे यह ग्रन्थ लिखने का अवसर मिला।

– प्रो. सी. ई. जीनी

अनुक्रम

प्रथम खण्ड

चीन-नामकरण, सीमाएँ, जातियाँ तथा संस्कृति

भारतीय वाङ्मय में चीन

श्रीमद्भागवत् पुराण के अनुसार ध्रुव के चाचा तथा स्वयंभू मनु के पुत्र प्रियव्रत ने सर्वप्रथम विश्व की यात्रा की थी। उसने अपने सात पुत्रों को पृथ्वी के सात द्वीपों का शासक नियुक्त किया। इन सात द्वीपों का उल्लेख इस प्रकार मिलता है :

1. जम्बू (यूरेशिया) 2. प्लक्ष द्वीप (जापान-ग्रीनलैंड-इंगलैंड) सूर्यपूजा 3. शाल्मली (उत्तरी अमेरिका) चन्द्र पूजा 4. कुश (अफ्रीका) 5. क्रौंच (दक्षिणी अमेरिका) जलपूजा 6. शाक (आस्ट्रेलिया) वायुपूजा 7. पुष्कर (अण्टार्कटिका) ब्रह्मपूजा।

पुराणों के अनुसार जम्बू द्वीप के नौ देश इस प्रकार बताए जाते हैं : (i) इलावृत्त (पामीर), (ii) रम्यक (तुर्किस्तान), (iii) हिरण्यमय (कजाकिस्तान), (iv) कुरु (रूस), (v) हरिवर्ष (अफगानिस्तान), (vi) किंपुरुष (तिब्बत), (vii) भारतवर्ष, (viii) भद्राश्व (चीन) तथा (ix) केतुमाल (यूरोप)।

आज के भारतवासियों को चीन गणराज्य के विषय में उतनी अच्छी जानकारी नहीं है, जितनी कि पश्चिम के अन्य देश इंगलैंड, अमेरिका, फ्रांस, जापान, जर्मनी आदि के बारे में है। यद्यपि ये देश भौगोलिक दृष्टि से भारतवर्ष से बहुत दूर हैं और चीन गणराज्य भारतवर्ष का पड़ोसी तथा सीमान्त देश है।

डॉ. बागची, श्री पणिक्कर और डॉ. मजुमदार आदि विद्वानों के मतानुसार चीन और भारत का सम्बन्ध बहुत पुराना है। चीन में प्रचलित अनुश्रुतियों से पता चलता है कि चीन में बौद्ध धर्म के प्रचार का प्रारम्भ छठी शताब्दी ईसा पूर्व से ही हो गया था, परन्तु सरकारी तौर पर बौद्ध धर्म चीन में द्वितीय शताब्दी ईसा पूर्व में ही प्रारम्भ हुआ।

महाभारत में चीनांशुक (रेशमी वस्त्र) शब्द का उल्लेख है। इस नाम का उल्लेख कालिदास के साहित्य में भी मिलता है। कौटिल्य ने अपने अर्थशास्त्र में चीन पट्ट (रेशमी वस्त्र) का वर्णन किया है। चीनी विद्वान लेखकों के अनुसार चीन और भारत के बीच द्वितीय शताब्दी ईसा पूर्व से ही चीन और दक्षिणी भारत के सम्बन्ध स्थापित

हो चुके थे। चीनी लेखक पानकाऊ के अनुसार कांचीनरेशों ने हानवंश की राजसभा में अपने राजदूत भेजे थे। चीनी सम्राट वाँगकिंग ने तो प्रथम शताब्दी में कांचीनरेश के लिए बहुमूल्य उपहार भी भेजे थे।

नालन्दा विश्वविद्यालय में दस वर्ष तक रहने और यहाँ के 400 संस्कृत ग्रन्थ अपने साथ ले जाने वाले विद्वान चीनी यात्री इत्सिंग ने एक स्थान पर लिखा है कि "यदि कोई चीनी पुजारी सुनने और पढ़ने के लिए पश्चिम (भारत) जाना चाहता है तो पहले उसे यहाँ शैलेन्द्र राज्य में ठहरना चाहिए और धर्माभ्यास करना चाहिए, तब आगे प्रस्थान करना चाहिए। मात्वानलिन चीनी इतिहासकार के अनुसार छठी शताब्दी में चीन और भारतवर्ष के मध्य व्यापारिक आदान-प्रदान हुआ करता था जिसके अन्तर्गत भारतवर्ष हर साल प्रचुर मात्रा में मोती, शंख तथा हाथी दाँत की वस्तुएँ चीन को भेजा करता था। आठवीं शताब्दी से लेकर बारहवीं शताब्दी तक चोलवंश के शासकों ने भी चीन के साथ अपने सम्बन्ध रखे थे। ऐसा उल्लेख भी मिलता है कि अरबों और तिब्बतियों के विरोधी चोल राज्य से संधि करने का प्रस्ताव भी एक चीनी सम्राट् ने रखा था। यह भी सर्वविदित है कि सम्राट् हर्षवर्धन ने अपना एक राजदूत चीन भेजा था। पल्लव नरेश नरसिंह वर्मन ने भी एक दूत 720 ईसवी में चीन भेजा था। इसके बदले में एक चीनी दूत पल्लव राजसभा में आया था। भारत और चीन के बीच इस प्रकार के राजनीतिक और व्यापारिक सम्बन्ध 14 वीं शताब्दी तक किसी-न-किसी रूप में चलते रहे। ये सम्बन्ध तब समाप्त हो गए जब श्रीविजय आदि भारतीय उपनिवेशों पर मुसलमानों का आधिपत्य हो गया।

चीन जाने वाले भारतीय विद्यार्थियों और विद्वानों ने कश्यप मातंग और धर्मरत्न के नामों का उल्लेख किया है। ये विद्यार्थी और विद्वान 65 ईसवी में चीन गए थे। चौथी शताब्दी में कुमारजीव की चीन-यात्रा का उल्लेख मिलता है। धर्मक्षेप नाम का एक प्रसिद्ध भारतीय विद्वान मध्य एशिया में रहता था। इससे प्रभावित होकर उत्तरी चीन के एक हूण राजा ने बौद्ध धर्म अपना लिया था। ऐसा भी उल्लेख मिलता है कि धर्मक्षेप नाम के इस भारतीय विद्वान ने अनेक बौद्ध ग्रन्थों का अनुवाद करवाया था।

परमार्थ नामक उज्जैन के ब्राह्मण ने कुछ समय बाद बौद्ध धर्म स्वीकार कर पाटलिपुत्र को निवास स्थान बनाया था। यह भारतीय विद्वान चीनी सम्राट हू-ती के निमन्त्रण पर चीन गया। वहाँ उसने बौद्ध धर्म का प्रचार किया और लगभग 70 बौद्ध ग्रन्थों का चीनी भाषा में अनुवाद किया था। इसी ने बौद्ध आचार्य की जीवनी लिखी थी।

कांची का राजकुमार भी चीन गया था। वहाँ इसने ध्यानबांदी एक नवीन बौद्ध शाखा चलायी थी और मोक्ष प्राप्त करने हेतु पूजा एवं अध्ययन के स्थान पर ध्यान का प्रचार किया था। कांचीनरेश का राजगुरु एक ब्राह्मण था, जिसका नाम व्रजभूदि

था। इसने ईसा की सातवीं शताब्दी के अपने शिष्य अमोघवर्ष के साथ चीन की यात्रा की थी। वहाँ इसने तन्त्र यान की स्थापना की थी।

'Never before had China seen a religion so rich is imagery, so beautiful and captivating is situalism and so bold is cosmological and metaphysical speculations........... China was over whelmed, baffled and over joyed. She begged and borrowed freely from the munificent given'

(प्राचीन भारत का इतिहास, डॉ. विमलचन्द्र पाण्डेय, परिशिष्ट-3, पृ. 39)

इसी प्रकार चीन देश के एकाधिक यात्रियों ने भी समय-समय पर भारतवर्ष की यात्राएँ की थीं, जिनमें मेगस्थनीज, फह्यान और ह्वेनचाङ (ह्वेनसाङ) के नाम विशेष रूप से उल्लेखनीय हैं। जिनके यात्रा-वर्णनों से तत्कालीन भारतवर्ष के सामाजिक, धार्मिक और ऐतिहासिक स्वरूप का अच्छा-खासा परिचय मिलता है। इस सम्बन्ध में मेगस्थनीज का निम्नलिखित वर्णन उदाहरण स्वरूप प्रस्तुत है : "भारत के निवासी धनोपार्जन के उपाय जानते हैं और अपने गर्वपूर्ण व्यवहारों से आत्म-सम्मान का परिचय देते हैं। वे तीक्ष्ण बुद्धि वाले व कला-निपुण हैं, जिससे प्रतीत होता है कि वे स्वच्छ जलवायु में पले हैं। भारतभूमि प्रत्येक प्रकार के फलों के उत्पादन में समर्थ है। भारत में ऐसी भी खानें हैं, जिनसे चाँदी, सोना, ताँबा और लोहा उत्पन्न होता है। उनसे अनेक उपयोगी वस्तुएँ तथा आभूषण बनाये जाते हैं और युद्ध के अस्त्र भी तैयार होते हैं। अनेक अन्नों के साथ-साथ विशेषतया ज्वार और तरह-तरह की दालें, चावल और स्वयं उत्पन्न होने वाले अनेक फलदार पेड़ यहाँ अधिक पाये जाते हैं। ज़मीन से घास-जैसे पदार्थ पैदा होते हैं जो पशुओं के चारे का काम देते हैं। यह भी निर्विवाद सत्य है कि यहाँ अकाल बहुत कम पड़ता है और खाद्य पदार्थों की कमी नहीं है।" भारत और चीन का अतीतकालीन तुलनात्मक अध्ययन करते समय एक प्रमुख नाम उभरता है—वह है 'कुमारजीव'। कुमारजीव भारतीय बौद्ध भिक्षु था, जिसका जन्म शिनच्याङ के खूछा नाम के एक स्थान पर हुआ था। वह उत्तरकालीन छिन राज्य काल (364-417 ई.) में छाङआन आया था। जहाँ उसने अपनी प्रवास-अवधि में लगभग 300 बौद्ध ग्रन्थों का अनुवाद किया था। भारत तथा चीन के बीच सांस्कृतिक आदान-प्रदान के विकास में कुमारजीव का योगदान उल्लेखनीय तथा अनुकरणीय है। यह इतिहास का वह काल था जब कि भारतीय चिकित्सा, कला, स्वरविज्ञान का चीन देश में प्रवेश और प्रारम्भ हुआ था।

कुमारजीव से पूर्व सन् 399 ई. में फ़ाश्येन नाम के बौद्ध भिक्षु ने अपने जीवन के 65 वसन्त देखने के बाद छङआन से पश्चिमी क्षेत्रों और सिन्धु प्रदेश की यात्रा की। उस समय 'सिन्धु प्रदेश' से तात्पर्य आज का भारतवर्ष, पाकिस्तान और बंगलादेश था। वह बौद्ध भिक्षु वहाँ 3 वर्ष तक रुका और वहाँ भी अनेक तत्कालीन स्थानीय भाषाओं का ज्ञान प्राप्त किया और बौद्ध ग्रन्थों का अध्ययन किया।

थाङकालीन चीन देश में तत्कालीन भारत (आज का भारतवर्ष, पाकिस्तान और बंगलादेश) सिन्धु देश के नाम से जाना जाता था। वहाँ से बौद्ध धर्म और स्थापत्य कला का प्रवेश चीन में बहुत पहले ही हो चुका था। उस देश ने सन् 641 ई. में अपना एक सद्भावना प्रतिनिधि दल चीन देश में भेजा था। इसके बदले में थाङ राजवंश का एक प्रतिनिधिमण्डल भी सिन्धु देश आया था। तभी से दोनों देशों के बीच आदान-प्रदान का सिलसिला प्रारम्भ हुआ। हिन्दुस्तानी चिकित्सा-विज्ञान, खगोल-विज्ञान, पंचांग-विज्ञान, भाषाशास्त्र और संगीत-शास्त्र की अनेक बातों को थाङकालीन चीन ने अपनाया था। इसके बदले में उसने भारतवर्ष को कागज और उसके उत्पादन की विधि बताई। इस आदान-प्रदान ने दोनों देशों के सांस्कृतिक विकास में उल्लेखनीय सहायता की।

ह्वेनचाङ—जिसको भारतीय साहित्य में ह्वेनसाङ के रूप में उल्लेख किया जाता है, यहाँ योग शास्त्र का अध्ययन करने आया था। वह 629 ईसवी में चीन से रवाना हुआ और अक्टूबर 630 ई. में गन्धार पहुँचा। उन दिनों इसकी राजधानी पुरुषकर (पेशावर) थी। इस चीनी यात्री ने तक्षशिला प्रदेश के स्रोतों और धर्मों का, कश्मीर के फल-फूलों का विस्तार से उल्लेख किया है। इसके पश्चात् ह्वेनसाङ पूर्वी पंजाब में स्थित चीन मुक्ति में 14 मास तक रहा। वहाँ उसने एक बौद्ध विद्वान से धर्म शास्त्रों का अध्ययन किया। वह मथुरा, थानेश्वर, कान्यकुब्ज (कन्नौज), अयोध्या, प्रयाग, कौशाम्बी, श्रावस्ती, कपिलवस्तु, कुशीनगर, वाराणसी, वैशाली और नेपाल की यात्रा करते हुए मगध पहुँचा। प्राचीन नगर पाटलिपुत्र उस समय नष्ट हो चुका था। पाटलिपुत्र के पश्चात् वह बौद्धगया पहुँचा और वहाँ उसने बौद्ध-वृक्ष की पूजा की। सन् 637 ईसवी में वह नालन्दा विश्वविद्यालय पहुँचा। ह्वेनसाङ के वर्णनों से विदित होता है कि उन दिनों भारतवर्ष ब्राह्मणों का देश कहा जाता था। उसके अनुसार भारतवर्ष की तीन दिशाओं में समुद्र है और उत्तर में बर्फीले पहाड़ हैं। भारत का उत्तरी भाग चौड़ा और दक्षिणी भाग पतला है। इसमें 70 राज्य हैं। इसकी जलवायु गरम है। यहाँ पानी की कमी नहीं है। इसी प्रकार इसका एक वर्णन इस प्रकार है :

भारतीय लिपि ब्रह्मदेव ने बनाई थी। मध्य देश के निवासियों की भाषा बड़ी शुद्ध है। उनका उच्चारण बड़ा मधुर है। उनकी भाषा देवों की-सी प्रतीत होती है, परन्तु सीमा प्रान्त के निवासियों की भाषा और उच्चारण अशुद्ध है। ह्वेनसाङ और बाण के ग्रन्थों से हर्षवर्धनकालीन भारतवर्ष की धार्मिक, राजनीतिक अवस्था का अच्छा परिचय मिलता है।

बौद्ध धर्म का समग्र रूप से अनुशीलन करने के मन्तव्य से थाङकालीन बौद्ध भिक्षु श्वेनच्वाङ (ह्वेनसाङ) चीन देश से सिन्धु देश के लिए सन् 627 ई. में रवाना हुआ था। वह बौद्ध विद्वान आजकल के कानूस शिनच्याङ और मध्य एशिया के रास्ते

अनेक कठिनाइयों को झेलता हुआ अपने अभीष्ट स्थान पर पहुँचा था। 15 वर्षों तक वह सिन्धु देश में रहा और उसने वहाँ अनेक मन्दिरों की यात्रा की और तत्कालीन विख्यात भिक्षुओं से अधिकाधिक ज्ञान प्राप्त किया। जब वह स्वदेश लौटा तो उसके पास 600 से अधिक बौद्ध ग्रन्थ थे। कालान्तर में इनका उसने चीनी भाषा में अनुवाद किया। उस चीनी यात्री हूवेनसाङ ने तथा उसके शिष्यों ने अपनी उस भारत-यात्रा के दौरान जो कुछ देखा-सुना और समझा उसके आधार पर उन्होंने 'थाङ राजवंश के समकालीन पश्चिमी क्षेत्रों का विवरण' नाम से एक ग्रन्थ तैयार किया, जिसमें मध्य एशिया, अफगानिस्तान, भारतवर्ष, नेपाल और श्रीलंका आदि देशों के भूगोल, इतिहास और रीति-रिवाजों का आधिकारिक वर्णन किया गया है। यह एक ऐसा मूल्यवान ग्रन्थ है जिसको इतिहास और इतिहासकारों ने सदैव ही महत्त्वपूर्ण स्थान दिया है। ऐतिहासिक अध्ययन की दृष्टि से यह ग्रन्थ महत्त्वपूर्ण और उपयोगी माना जाता रहा है।

हौज़नी की महत्त्वपूर्ण मान्यता यह है कि चीन से लेकर दक्षिणी रूस तक – संस्कृति के अन्यतम परिचायक उपादान मृत्तिकापात्रों के आधार पर–एक विराट् सम्बद्ध इकाई का सामना करना होता है। इस इकाई का केन्द्र चाहे पामीर और उसके आसपास का प्रदेश रहा हो, चाहे अन्य कोई, तोखारीजान (या संस्कृत परिवार की किसी अन्य भाषा के बोलने वाले जन) चाहे मध्यस्थ रहे हों, चाहे उस संस्कृति के मूल स्रोत रहे हों–यह बात निर्विवाद जान पड़ती है कि ईसा से 2000 साल पहले दक्षिणी रूस, उत्तरी भारत (या उसके सीमान्त), मध्य एशिया और चीन में परस्पर सम्बन्ध था। बाद में भारत-चीन, भारत-रूस का जो सम्पर्क बढ़ा उसकी चर्चा यहाँ अनावश्यक है।

चीन : ऐतिहासिक परिदृश्य

ईसा पूर्व दूसरी शताब्दी में चीन में 'चिन् (छिन्)' राजवंश का शासन था। इसी आधार पर इस देश को अधिकतर चीन के नाम से जाना जाता है; परन्तु चीनी लोग स्वयं अपने को 'चुङ्ह्वा' कहते हैं और अपनी जाति को 'हान्' की संज्ञा देते हैं। प्राकृतिक स्थिति की दृष्टि से चीन पर्वतों और नदियों से घिरा हुआ देश है। चीन देश के पश्चिम में पामिर तियान्शान और अल्ताई तथा पूर्व दिशा में कोरिया और प्रशान्त सागर हैं। उत्तर दिशा में तयानशान (देवगिरि)-अल्ताई (सुवर्णगिरि) की श्रेणियाँ आगे बढ़ते हुए मध्य में कुछ-कुछ टूटी-सी मंचुरिया तक चली जाती हैं। दूसरी पर्वत चोटी पामिर से खुन्-लून् (कुइनलेन) होती हुई चीन के मैदानों तक पहुँच गई है। दक्षिण में पुनः पामिर से ही हिमालय (शी-मा-ता-या) को छूते हुए दक्षिणी चीन में चुङ्नान (पानताओ) तक समाप्त होती है।

चीन गणराज्य में 32 प्रदेश तथा भीतरी मंगोलिया और तिब्बत के स्वायत्त शासित क्षेत्र हैं। चीन के ये प्रदेश भारत की भाँति ही बड़े-बड़े हैं। चीनी गणराज्य के बहुत से भागों में हान् (चीनी) लोग निवास करते हैं, परन्तु चीन गणराज्य के अनेक प्रदेशों में 60 जातियों के लोग निवास करते हैं जिनमें अतीतकाल में आपस में न केवल शत्रुता रही है वरन् भयंकर युद्ध भी होते रहे थे। माओ-चे-तुङ के सत्ता में आने के बाद से ये सब बातें अतीतकालीन होकर रह गई हैं।

चीनी गणराज्य की प्रमुख रूप से बड़ी-बड़ी केवल पाँच जातियाँ हैं :

(i) चीनी (हान्)
(ii) मंचू (मान्)
(iii) मंगोल (मंग्)
(iv) मुसलमान या तुर्क (हुइ)
(v) तिब्बत (छाग्)

मंचू जाति के लोग अब बहुत-कुछ चीनियों में मिल-जुल गए हैं, फिर भी चीनी गणराज्य के राष्ट्रीय ध्वज में लाल ज़मीन के ऊपर एक बड़ा पंच कोना तारा

कम्युनिस्ट का प्रतिनिधित्व करता है। और चार छोटे-छोटे पंच कोने तारे इन्हीं पाँचों जातियों के प्रतिनिधित्व रूप में समाहित किए गए हैं।

(i) चीनी (हान्) : चीनी गणराज्य के उत्तर-पश्चिम में मंगोलिया और तुर्किस्तान, पश्चिम में तिब्बत को छोड़ शेष समस्त चीनी गणराज्य में चीन जाति निवास करती हैं।

(ii) मंचू (मान्) : चीनी गणराज्य की यह पाँचवीं जाति थी। यद्यपि यह जाति वंश में मंगोलों के नजदीक थी, लेकिन चीन के अन्तिम राजवंश को स्थापित करने के बाद वह बहुत-कुछ चीनी बन गए।

(iii) मंगोल (मंग्) : भारतवर्ष के साथ मंगोल जाति का घनिष्ठ परिचय रहा है और अनन्त रुकावटों के बाद भी मंगोलिया यात्री भारत भ्रमण पर जब-तब आते रहे। बुर्यत मंगोल साइबेरिया में बैकाल सरोवर के पास सोवियत रूस की एक स्वायत्त शासित जाति के रूप में निवास करते हैं। बाह्य मंगोलिया के खलखा मंगोल एक स्वतन्त्र गणराज्य के रूप में साम्यवाद की ओर उन्मुख हो चुके हैं। अन्तर मंगोलिया के मंगोल चीन के सामन्तों और उनके अन्तिम प्रतिनिधि च्यांग्-काइ-शेक (चि-आंग चि-ए-ख) की पराधीनता से मुक्त हो चीनी गणराज्य और जातियों के साथ कंधे से कंधा मिलाकर आगे बढ़ने के लिए प्रेरित हुए। बुर्यत और खलखा पहले ही से भलीभाँति शिक्षित होकर नवीन आर्थिक ढाँचे की संरचना कर अपने सामाजिक जीवन को समृद्ध बना चुके थे। अन्तर मंगोलिया के मंगोल भी माओ-चे-तुंग के मार्ग-दर्शन में समृद्ध हो चुके हैं। मंगोल भाषा का प्राचीन विशाल साहित्य बहुत-कुछ हमारे संस्कृत साहित्य का ही रूपान्तरण है, जिसमें अश्वघोष, आर्यशूर, कालिदास सदृश्य महान् साहित्यकारों तथा वसुबंधु दिग्-नाग धर्मकीर्ति जैसे महान् दार्शनिकों की कृतियाँ विद्यमान हैं। महाकवि दंडी ने उन्हें अलंकार और साहित्य के गम्भीर तत्त्वों का पहले-पहल ज्ञान कराया। — **राहुल सांकृत्यायन**

(iv) मुसलमान या तुर्क (हुइ) : तुर्क जाति का भारतवर्ष के साथ ईसा पूर्व तीसरी शताब्दी में बहुत अच्छा सम्बन्ध रहा, परन्तु गत सात शताब्दियों से वहाँ के लोगों का भारतवर्ष के साथ सम्बन्ध ह्रासोन्मुख रहा है। फिर भी संख्या में बहुत कम ही सही भारतीय व्यापारी और महाजन (सूदखोर) भारत का प्रतिनिधित्व करते रहे हैं। यद्यपि भारत और सिंगक्यांग के अतीतकालीन सम्बन्धों को कठिनाई से ही खोजा जा सकता था, लेकिन वर्तमान शताब्दी के शुरू से ही वह पुरातन सम्बन्ध भली प्रकार से पुनर्स्थापित हो गया है क्योंकि वहाँ के रेगिस्तानों में विद्यमान उजड़े शहरों ने भारतवर्ष और तरिम उपत्यकाघाटी की प्राचीन भाषाओं की बहुत-सी बहुमूल्य पुस्तकों को खोज करके दुनिया के सामने प्रस्तुत कर दिया। कहने की आवश्यकता नहीं कि कभी तरिम घाटी (खोतन्-यारकंद-काशगर-कूचा) में निवास करने वाले वही लोग थे जो ईसा पूर्व की दूसरी शताब्दी से पहाड़ों-पहाड़ों चलकर गिल्गित (दरद) कश्मीर होते

हुए दार्जिलिङ तक सोर पर्वतीय क्षेत्र में फैल गए थे। उन लोगों को आज हम खस (कश) के नाम से जानते मानते हैं। इसी कश शब्द का प्रभाव अथवा छाप कश्मीर (शब्द) पर है और इसी को आज हम कशगर (काशगर, कशगिरि, खशगिरि) के नामों में जीवित पाते हैं। कश्मीर और काशगर का सम्बन्ध तो अभी तक घनिष्ठ रहा है। प्रस्तुत सन्दर्भ में उल्लेखनीय तथा स्मरणीय तथ्य यह भी है कि किसी भी देश में कोई भी जाति शुद्ध नहीं रह सकती। इसका कारण यह है कि मनुष्य प्रकृति से घुमन्तू अथवा घुमक्कड़ और भ्रमणशील प्राणी है। परिणामस्वरूप विभिन्न जातियों का परस्पर मिलन निरन्तर होता रहता है। ऊपर उल्लिखित तरिम नाम की घाटी में किसी समय खस (शक तुखार) जाति के लोग निवास करते थे। कालान्तर में वहाँ हूण, तुर्क तथा उइगुर जातियाँ भारी संख्या में आकर रहने लगीं। वर्तमान में उन्हीं की सम्मिलित संततियाँ वहाँ रहती हैं।

तरिम नाम की घाटी में निवास करने वाली प्रत्येक जाति अपना महत्त्वपूर्ण इतिहास रखती है। खोतन् प्रदेश के साथ तत्कालीन भारत का बहुत अधिक घनिष्ठ सम्बन्ध था। इसका प्रमाण यह है कि एक समय वहाँ पर भारतीय लिपि ही नहीं अपितु उत्तरी भारत की तत्कालीन प्राकृत भाषा भी अपनाई जाती थी।

कूचा के निवासी पराक्रमी, संस्कृत प्रेमी और विनोदी स्वभाव के थे। भले ही वर्तमान में इस भाषा का प्रयोग करने वाले लोग वहाँ नहीं हैं परन्तु वहाँ की बालुका भूमि ने 'मैत्रेय समिति नाटक', 'उदान वर्ग', 'अवदान' जैसे कितने ही ग्रन्थ और मनोहारी चित्रों को उपलब्ध कराके भूतकाल की स्मृतियों को जीवनदान देते हुए भारतवर्ष के साथ अपने पुराने घनिष्ठ सम्बन्धों को तरोताजा कर दिया। आर्यचन्द्र महोदय ने जिस वृहदाकार 'मैत्रेय समिति' नाटक को कूची भाषा में तैयार किया था, उसमें सत्ताईस अंक समाहित थे। 'मैत्रेय समिति' का अनुवाद उइगुर (तुर्क) भाषा में भी हो चुका है। उइगुर भाषा तुर्की भाषा की वह शाखा है जिसके अन्तर्गत तुर्क जाति का प्राचीनतम साहित्य विद्यमान है और उस साहित्य का भारतीय साहित्य से घनिष्ठ सम्बन्ध है।

(v) तिब्बत (छागू) : बीसवीं शताब्दी के पाँचवें दशकान्त तक तिब्बत पुराण पन्थी का अन्तिम और अजेयगढ़ माना जाता था। दिव्य 'महात्माओं' और उनके अद्भुत चमत्कारों की अनन्त झूठी-मूठी दन्त कथाएँ तिब्बत के नाम पर समस्त संसार में फैल चुकी थीं। परन्तु पिछली शताब्दी के पाँचवें दशकान्त के बाद शताब्दियों तक सोया रहा तिब्बत (भोट) नयी करवटें लेने लगा है। **महापण्डित राहुल सांकृत्यायन** के अनुभव और अभिमतानुसार "वह समय बड़ी जल्दी आ रहा है, जब कि वह हमारे सारी उत्तरी सीमान्त को नये आलोक से आलोकित कर देगा। आसाम से लद्दाख तक चीन गणराज्य की सीमा हमारी सीमा से मिलती है, और वहाँ पर हमारे तिब्बती पड़ोसी अब नवनिर्माण में लगे हुए हैं। ...बिना एक बूँद खून

गिरये, तिब्बत विशाल चीनी गणराज्य की सहोदर जातियों में समाहित हो गया।" गत तेरह शताब्दियों से भारत और तिब्बत के मध्य सुमधुर सांस्कृतिक सम्बन्ध रहे हैं। तिब्बती लिपि भारतीय लिपि से उद्‌भूत हुई मानी जाती है। तिब्बतीय भाषा के साहित्य का बहुलांश हमारे साहित्य का सुन्दर अनुवाद है अथवा फिर उससे अभिन्न रूप से अनुप्राणित है। तिब्बत के लोक जीवन पर भारतीय जीवन की अमिट छाप है। विदेशी आक्रान्ताओं द्वारा भारतवर्ष की जो सांस्कृतिक और ऐतिहासिक निधियाँ विलुप्त हो गई थीं, उन्हें तिब्बत देश में सुरक्षित रखकर बहुत बड़ा काम किया गया है। अजन्ता की चित्रकला और गुप्तकाल की मूर्तिकला के मूल रूपों और उनके उन्नत स्वरूपों को देखना है तो तिब्बत के विहारों की मात्रा अनिवार्य हो जाती है। महापण्डित राहुल सांकृत्यायन ने इस तथ्य को स्वीकार करते हुए लिखा है : "हमारी अनमोल साहित्यिक निधियों में से कितनी ही वहाँ ताल पत्र पर संस्कृत में लिखी मुझे मिलीं, जिनके बारे में दुनिया के विद्वान समझते थे कि वह नालन्दा और विक्रमशिला के ध्वंस के साथ हमेशा के लिए मूल रूप में नष्ट हो चुकी है, और उन्हें हम तिब्बती और चीनी अनुवादों में ही पढ़ सकते हैं। आज भी तिब्बत के पुराने विहारों, स्तूपों तथा मूर्तियों के भीतर ताल पत्र पर लिखे कितने ही संस्कृत के अनमोल ग्रन्थों के प्राप्त होने की सम्भावना है।"

भारत और चीन के सम्बन्धों में किसी भी प्रकार की खटास की सम्भावना न रहे और मिठास उत्तरोत्तर बढ़ती रहे, इसके लिए आवश्यक है कि भारत का दृष्टिकोण तिब्बत और चीन के प्रति सकारात्मक और समझदारीपूर्ण रहे। इस सन्दर्भ में राहुल जी का अभिमत उद्धृत करना सर्वाधिक समीचीन होगा : "तिब्बत की दक्षिणी और पश्चिमी सीमा के रूप में सदिया में लद्‌दाख तक हमारी सीमा चीन गणराज्य के साथ मिलती है। यदि हमारा सम्बन्ध चीन के साथ अच्छा नहीं हुआ तो इस सारी सीमा पर पूरी सैनिक तैयारी रखने के लिए हमें अपने बजट का बहुत भारी भाग लगाना होगा। नेपाल-कुमाऊँ के सीमान्त से लद्दाक सिंगक्यांग 'चीनी तुर्किस्तान' के सीमान्त तक का हमारा और तिब्बत का सीमान्त किसी भी सरकारी नक्शे में चिह्नित नहीं है। तिब्बत के साथ ब्रिटिश सरकार का कोई सीमा सम्बन्धी झगड़ा नहीं था। इस सीमान्त को जानबूझकर अचिह्नित रखा गया क्योंकि अंग्रेज पश्चिमी तिब्बत (मानसरोवर प्रान्त) पर आँख गड़ाए हुए थे। वहाँ सतलज और सिन्धु के किनारों पर सोने की धुलाई देखकर उनके मुँह में पानी आ रहा था। यदि चीन के साथ हमारा सौहार्द स्थापित नहीं हुआ तो ये अचिह्नित सीमाएँ भारी झगड़े का कारण बन जाएँगी। अचिह्नित होने पर भी स्थानीय लोग जानते हैं कि अलमोग, गढ़वाल, टिहरी, सतलज उपत्यका और लद्दाक में कहाँ तक हमारी भूमि है। साथ ही हमारी सीमा के भीतर बीसियों मीलों तक भारतीय नागरिक तिब्बती भाषा-भाषी हैं जिनको लेकर विवाद बढ़ सकता है।"

पुरातत्त्व की नई खोज, लम्बी दीवार तथा चीन का काशी : तुनह्वाङ

चीन का तुनह्वाङ अपनी गुहाओं (गुफाओं) के लिए संसारभर में विख्यात है, ठीक उसी प्रकार से जिस प्रकार भारतवर्ष अजन्ता, एलोरा, कन्हेरी, बाघ, ऐलीफेण्टा आदि अनेक गुहाओं, उनके शिल्प और भित्ति-चित्रों के लिए प्रसिद्ध है। कहने की आवश्यकता नहीं कि भारतीय मनीषियों और कलाकारों के ये साधना-मन्दिर भारतीय संस्कृति तथा संसार की अद्वितीय धरोहर है। जिस स्थान पर भी भारतीय संस्कृति ने पदार्पण किया, वहाँ गुहाओं में ध्यान की परम्परा भी स्थापित की। गुहाओं की महत्ता पर प्रकाश डालते हुए कहा गया है—धर्मस्य तत्त्वं निहितं गुहायां—धर्म का तत्त्व गुहा में निहित है। यह गुहा पर्वत की कन्धारी है और हर मानव का हृदय तथा आत्मा भी। गुहा में भगवान् सुशोभित होते हैं—'भगवान् सर्वभूतानाम् अध्यक्षो अवस्थितो गुहाम्।'

ऐसा ही धार्मिक, आध्यात्मिक और सांस्कृतिक महत्त्व है—चीन की तुनह्वाङ गुहाओं का, जहाँ बौद्ध प्रतिमाओं और कला-चित्रों का संसार का सबसे बड़ा संग्रहालय है, जिसमें हर एक कृति इतिहास की श्रद्धा की स्मारिका है। संसार के इस विशाल संग्रहालय में जातक कथाएँ, सुखावती के भव्य-स्वर्ग, चीनी स्थापत्य के उत्कर्ष के भवन, आकाश में उड़ती हुई अप्सराएँ, वाद्यों का संगीत और चित्ताकर्षक तथा मनोरम मृत्यु सुरक्षित है। भित्ति-चित्रों का क्षेत्रफल 45 हजार वर्ग मीटर है।

भित्ति-चित्रों में हरे, नीले, श्वेत, श्याम, गुलाबी रंगों की प्रधानता है। यहाँ दो हजार से अधिक प्रतिमाएँ हैं। इन प्रतिमाओं में तथागत, बोधिसत्त्व अर्हत्, लोकपालों की सौम्यता, साधना और विभीषिका सजीव हो उठी है। सन् 1900 में ताओ सम्प्रदाय के एक भिक्षुक वाङ खानलु ने गुहा क्रमांक 17 को खोला तो इसके अन्दर एक लाख पाण्डुलिपियाँ, अभिलेख इतिहास आदि प्राप्त हुए।

गुहा 17 से प्राप्त सामग्री में सम्मिलित हैं—बौद्ध-सूत्र, दर्शन ग्रन्थ, कविताएँ,

इतिहास, आयुर्वेद, अर्थशास्त्र, गणित, जनगणना। उक्त सब सामग्री गुहा क्रमांक 17 में 11 वीं शताब्दी के प्रारम्भ में बन्द कर दी गई थी। सन् 1907 में सर औरल स्टाइन दस हजार अभिलेख यहाँ से ले गए थे। वे समस्त अभिलेख आज ब्रिटिश संग्रहालय में न केवल सँभाल कर सुरक्षित ही रखे गए हैं, वरन् वे इण्टरनेट पर उपलब्ध भी कराए जाते हैं। सन् 1907 के बाद अगले ही वर्ष सन् 1908 में फ्रांस के मूर्धन्य विद्वान पेलियो ने मोमबत्ती की टिमटिमाती अपर्याप्त ज्योति में कई हजार अभिलेख चुने और उन्हें ले जाकर पेरिस में सुरक्षित कर दिया।

जापान के विद्वान ताचिबाना ने सन् 1911 में, रूस के विद्वान प्रो. ओल्डनवुर्ग ने सन् 1914 में तथा अमेरिका के विद्वान प्रोफेसर वार्नर ने 1923 में यहाँ से पर्याप्त अभिलेख संगृहीत किए। बाकी बचे-खुचे लेख-अभिलेख बेइचिंङ के 'राष्ट्रीय पुस्तकालन और तुनह्वाङ संस्थान' में सुरक्षित रख दिए गए हैं। तुनह्वाङ से चीनी तिब्बती, उइगूर, सोगदी, संस्कृत और खोतनी भाषाओं से सम्बन्धित अमूल्य निधियाँ प्राप्त हुई हैं।

यहाँ से प्राप्त 'संस्कृत-खोतनी की वार्तालाप पुस्तक' ऐसी पुस्तक है जिसको संसार की एक मात्र प्राचीन संस्कृत वार्तालाप पुस्तक का सम्मान दिया गया है। यहाँ से संसार की सर्वप्रथम मुद्रित एक पुस्तक भी मिली है, जो ब्रिटिश संग्रहालय में प्रदर्शनार्थ रखी गई है। यह पुस्तक सन् 868 की वैशाख पूर्णिमा को मुद्रित की गई थी। यह पुस्तक संस्कृत भाषा की वज्रच्छेदिका का चीनी भाषा में प्रस्तुत किया गया अनुवाद है।

तुनह्वाङ गुहा मानव मन के उत्तुंग शिखरों का प्रतिनिधित्व करती है। जहाँ दो हजार वर्ष से सतत श्रद्धा प्रवाहमान होती रही है। तुनह्वाङ की मरुभित्तियाँ इठलाती जलधारा की भाँति रंगों से उल्लसित वहाँ की निर्जनता और शून्यता को पूर्णता से भरकर जीवन्त बनाती थीं, और संस्कृत भाषा के मंत्र चीनी भाषा के उच्चारण में चेतना को प्रणामांजलि समर्पित कर देते हैं।

तुनह्वाङ की गुहा क्रमांक 130 में सौ फुट से भी ऊँची मैगेय की विराट् प्रतिमा विद्यमान है, जिसका निर्माण सन् 713 से 714 के मध्य हुआ था। गुहा क्रमांक 96 में भी इसी प्रकार की मैत्रेय की विराट् प्रतिमा विराजमान है। इस गुहा का निर्माण सन् 695 में किया गया था।

तुनह्वाङ में आठवीं शताब्दी में एक हजार गुहाएँ अपने भव्य और आकर्षक रूप में विद्यमान थीं। उनमें से आज मात्र 492 गुहाएँ ही सुरक्षित बच पाई हैं, जिनमें विशेष रूप से भित्ति-चित्र और मूर्तियाँ हैं। इन गुहाओं में सैकड़ों और भी गुहाएँ हैं, जो शिल्पियों के निवास के काम आती थीं, तो कुछ भंडारण के काम में। अतः वे कभी अलंकृत और सुसज्जित नहीं की जा सकीं। इन गुहाओं में सुखावती के भव्य दृश्य, आकाश से पुष्प वर्षा करती हुई अप्सराएँ और भव्य प्रासाद चित्रित हैं, रेतीली

पहाड़ियों पर दृश्यमान लहराती रेखाएँ अप्सराओं की लहराती दुकूल-रेखाओं के समान मनोरम और चित्ताकर्षक हैं।

श्याम रंग के भारती और दिव्यआभा के प्रतीक बौद्धसत्य और मूर्तियों का गरिमा-गाम्भीर्य तुनह्वाङ की गुहाओं की अलौकिक शोभा है। तुनह्वाङ की ये गुफाएँ चौथी शताब्दी से चौदहवीं शताब्दी तक निरन्तर बनती रहीं। यह संसार की प्राचीनतम कलावीथि है जो एक हजार वर्ष की दीर्घकालावधि तक सक्रिय रही।

अपनी यात्राओं के लिए विख्यात ह्यूनत्साङ सन् 644 में यहाँ से गुजरे थे। सम्राट ताइत्सुङ की आज्ञा से यहाँ पर आपका भव्य स्वागत किया गया था। तुनह्वाङ की एक गुहा में ह्यूनत्साङ को पाण्डुलिपियाँ और मूर्तियाँ लाते हुए दर्शाया गया है। चीन के तत्कालीन प्रधानमंत्री श्री चावएनलाइ ने सन् 1955 में इसकी महत्ता पर प्रकाश डालते हुए कहा था : ''आज तक चीन भारत से विद्या संग्रह करता था। ...हमने इसे सजाया, सँवारा और संवर्धित किया है। यह भारत और चीन की साँझी थाती है।

तुनह्वाङ की स्थापना 111 ईसा पूर्व में सम्राट् वु की आज्ञा से उनके सेनापति ने की थी। यथार्थ में यह एक छावनी के रूप में स्थापित की गई थी, जो हूणों के आक्रमणों से रक्षा का काम करती थी। यहाँ पर लाखों सैनिक निवास करते थे, जिसका प्रमाण है : आज भी मीलों तक फैले इनके अवशेष। युएचि (जो भारतवर्ष में कुषाणों के रूप में शासन करते थे) फरगाना से घोड़े लाया करते थे। ये घोड़े ऊँची जाति के होते थे और सैनिक भक्ति के लिए अनुपम और उपयोगी होते थे। इसी क्रम में युएचि परिवार तुनह्वाङ में बस गए थे। युएचि परिवार चीनी भाषा और संस्कृति में विशेष दक्षता प्राप्त थे। युएचि परिवारों के सदस्य धर्म से तो बौद्ध थे, परन्तु शिक्षा से संस्कृत में पांडित्य प्राप्त थे। ईसा पूर्व सन् 2 में युएचि युवराज ने चीनी विद्वानों को संस्कृत सूत्रों का उपदेश प्रदान किया था।

लौकाक्षिन् नाम के युएचि विद्वान ने बहुत-से संस्कृत ग्रन्थों का चीनी भाषा में अनुवाद किया था। धर्मरक्ष सबसे बड़े भिक्षु-रत्न थे, जिन्होंने सन् 266 से 308 के अन्तराल में 159 संस्कृत ग्रन्थों का चीनी भाषा में अनुवाद प्रस्तुत किया था। भिक्षु रत्न धर्मरक्ष का जन्म तुनह्वाङ में हुआ था। इनका कुटुम्ब यहाँ पर कई पीढ़ियों से रहता चला आ रहा था। धनाढ्य तथा व्यापारी कुटुम्ब में पालित-पोषित होने के कारण धर्मरक्ष की शिक्षा चीन के सत् दर्शनों तथा शास्त्रों में सुचारु रूप से हुई थी। धर्मरक्ष संस्कृत के बौद्ध सूत्रों के भी प्रकाण्ड विद्वान थे। धर्मरक्ष ने मध्य एशिया के 36 राज्यों का भ्रमण किया था और वहाँ उपलब्ध संस्कृत के ग्रन्थ संकलित किए थे और उनका चीनी भाषा में अनुवाद किया था। कुछ काल के पश्चात् धर्मरक्ष अपने इस बौद्धिक कृतत्व के परिणामस्वरूप 'तुनह्वाङ के बौधि सत्व' के नाम से विख्यात हुए। धर्मरक्ष के कारण ही तुनह्वाङ चीन में संस्कृत-शिक्षा का विख्यात केन्द्र बन

सका। धर्मरक्ष ने चीन में बौद्ध धर्म के प्रचार और प्रसार के लिए अथक अविरत प्रयत्न किए। परिणामस्वरूप बौद्ध धर्मचीन के बौद्धिक तथा आध्यात्मिक जीवन का अविभाज्य पक्ष बन गया। धर्मरक्ष ने कश्मीर, कूचा, खोतान आदि स्थानों से संस्कृत की पाण्डुलिपियाँ एकत्र करने का स्पृहणीय कार्य किया।

सन् 265 में धर्मरक्ष चीन की समकालीन राजधानी छाङान गए और सन् 280 में धर्मरक्ष के चीनी शिष्य फ़ाछङ (धर्मयान) ने तुनहूवाङ में भव्य विहार की स्थापना की। फलस्वरूप चीन ने धर्म-प्रसार में अप्रत्याशित उन्नति की। यूएचि प्रभाव के कारण तुनहूवाङ सैनिक छावनी के साथ ही साथ उद्भट आचार्यों, कुशल शिल्पियों, मर्मज्ञ मूर्तिकारों तथा चतुर चित्रकारों की साधना की तपस्थली बन गया। तुनहूवाङ की निर्जन मरुभूमि और सरोवरों ने शस्त्र और शास्त्र के समन्वित विकास में एक विलक्षण अनुकरणीय जीवन प्रदान किया।

तुनहूवाङ में सानवेइ नाम का एक पर्वत है। जहाँ पर आज अनेक गुहाएँ विद्यमान हैं। आज से पूर्व यहाँ पर्वत के मूल में झरने का छलकता हुआ पानी प्रवाहित रहता था। इसके किनारे वृक्षों की हरीतिमा से सम्पन्न थे। पशु और पक्षियों का कलरव यहाँ की छवि छटा को सुशोभित करता था परन्तु यह स्थल था पूर्णरूपेण निर्जन।

संयोगवश एक दिन लेचुन भिक्षु तथा उनके तीन प्रमुख शिष्य इस स्थल पर आए। उन्होंने सुन रखा था—जो यहाँ के झरने या निर्झर का जल पी लेता है, वही महामानव गोबी मरुभूमि पार कर सकता है। इसी उत्सुकतावश झरने के चमत्कारी जल का पान करने के मन्तव्य से लेचुन् भिक्षु ने अपने शिष्यों को निर्झर का पानी लाने के लिए भेज दिया। उन तीन शिष्यों में से दो शिष्य भूख और प्यास से परास्त होने के कारण आगे नहीं बढ़ सके। केवल तीसरा शिष्य शिचिन् ही गधे पर सवारी करते हुए कई दिनों तक ग्रीष्मकालीन प्रचण्ड धूप का सामना करते हुए चलता बढ़ता गया, और अन्ततः वह निर्झर घाटी में पहुँच ही गया। उस घोर मरुभूमि के बीच में हरे वृक्षों का सुशोभित सघन वन तथा सरिता का सुहाना कलरव सुनकर मन्त्र-मुग्ध हो गया। लपककर उसने अपनी प्यास को शान्त किया। तट पर बैठे मनोरम दृश्य का आनन्द उठाया और सानूवेई पर्वत पर होनेवाले सूर्यास्त की भव्य आभा का अवलोकन करने लगा। उस समय पर्वत के शिखरों की नीलिमा उषाकाल के वर्णन-विभोर होती-सी दृश्यमान हुई। स्वर्णिम रश्मियों के मध्य में विराट मैत्रेय भगवान विराजमान दिखे और सहसा बुद्ध गगन में विचरण करते-से लगे। आकाश में देवियों का समूह अनेक वाद्यों से संगीत उत्पन्न कर रहा था।

इस प्रकार के सुरम्य, दैवी तथा प्राकृतिक वातावरण में शिष्य शिचिन् को ऐसा आभास होने लगा सानूवेई पर्वत में ही सुखावती का स्वर्गलोक विद्यमान है। फिर क्या था, वे पर्वत में ही प्रतिमाएँ उत्कीर्ण करने लगे। वे एक कुशल और प्रतिभा के धनी

प्रतिमाकार तो थे ही, अतः उनकी छेवी की मन्द-मन्द परन्तु अविरल ध्वनि सुनकर पशु-पक्षी भी उनके अन्तरंग सहयोगी बन गए और वे शिचिन् के प्रतिमा-उत्कीर्ण कार्य में हाथ बँटाकर अपनी अन्तरंगता का परिचय देने लगे। पक्षी विविध प्रकार के रंग लाने लगे, जिनसे शिचिन ने भित्ति-चित्रों में प्राण-प्रतिष्ठा कर डाली। हर्षातिरेक से आत्मविभोर शिचिन् ने पशु-पक्षियों के अनुग्रह को रूपायित करते हुए उन्हें भी चित्रांकित कर अमरत्व प्रदान कर दिया।

इस व्यस्तता के कारण जब शिचिन् कई दिनों तक वापस नहीं लौटे, तो उनके गुरु ही उन्हें खोजते हुए गुहाओं तक आ पहुँचे। गुरु अपने शिष्य शिचिन् द्वारा निर्मित (उत्कीर्ण) मूर्तियाँ और बनाए गए भित्ति-चित्रों को देखकर आत्मविभोर हो गए। गुरु लेचुन् ने संकल्प किया कि वे भी यहीं रहकर सहस्र-बुद्ध गुहाओं को पूरा करेंगे।

तुनह्वाङ की गुहाओं में एक प्राचीन शिलालेख विद्यमान है, जिसके उल्लेखानुसार भारतवर्ष के भिक्षु लेचुन् ने सन् 366 ई. में इन गुहाओं का उत्खनन् और अलंकरण शुरू किया था। चीन की सुरक्षा में सदैव सन्नद्ध अक्षौहिणियाँ इन गुहाओं में उपासना करते हुए अदम्य मनोबल प्राप्त किया करती थीं। बौद्ध उत्सवों और शुभाशीषों से सैन्यबलों का सूनापन तथा अकेलापन कला, दर्शन और पंचोच्चारों से नूतन जीवन प्राप्त करता था।

तुनह्वाङ के आसपास बहुत-से स्मारक हैं, जो चीन और भारत देशों के बौद्ध सम्बन्धों की गाथा कह रहे हैं। यहाँ पर श्वेताश्व स्तूप है। चीन देश के प्रमुख एवं विख्यात आचार्य कुमारजीव हैं, जिसके अनूदित शास्त्र आज भी चीन, जापान तथा कोरिया में पढ़े-पढ़ाए जाते हैं। आचार्य कुमारजीव सन् 384 में पर्वतों को लाँघते हुए और नदियों को पार करते हुए तुनह्वाङ पहुँचे थे। उनके पास एक श्वेत वर्ण का अश्व था, जो उनकी इन कष्टप्रद यात्राओं का साक्षी साथी रहा था। वह यहाँ मृत्यु को प्राप्त हो गया। आम लोगों की धारणा है कि घाटियों में उस अश्व का घोष आज भी सुनाई पड़ता है। श्वेताश्व आचार्य कुमारजीव से कह रहे हैं—'थोड़ी दूर पर अर्द्ध चन्द्र सरोवर है। वहाँ पर दिव्याश्व आया करते हैं। उनमें से एक नया दिव्याश्व आपको मिल जाएगा; अतः जाओ और धर्म का प्रचार-प्रसार करो।'

तुनह्वाङ भव्य है। यहाँ इतिहास सस्वर है। अतीत काल में यहाँ हजारों अश्व आते थे। भिक्षुकों और सूत्रों के रूप में भारत की चेतना यहाँ चीन में प्रवेश कर प्रतिष्ठित होती थी।

चीन का शेनशी प्रान्त चीनी सभ्यता के महत्त्वपूर्ण स्थानों में से एक है। शेनशी विश्व का मशहूर ऐतिहासिक व सांस्कृतिक शहर है। चीन के इतिहास में उल्लिखित 13

सामन्ती राजवंशों ने इस मशहूर शहर में अपनी राजधानी स्थापित की थी, और 72 राजाओं ने यहाँ शासन किया था। इसलिए सम्राटों और राजाओं के गोरस्तान बहुत अधिक पाए गए हैं। हाल ही में यहाँ पुरातत्त्व की भारी और महत्वपूर्ण खोज की गई जिसमें छिन राजवंश के प्रथम सम्राट् का गोरस्तान और हान राजवंश के चिन्ती सम्राट का गोरस्तान सबसे अधिक आकर्षक बन गया है।

छिन राजवंश के प्रथम सम्राट् (250-210 ई.पू.) का गोरस्तान शेनशी प्रान्त के शीआन शहर के अधीनस्थ लिनथुंग नगर से 5 किलोमीटर की दूरी पर स्थित है, इसके दक्षिण में लीशान पहाड़ है और उत्तर में वेइश्वे नदी बहती है। यह चीन की सुरक्षित रखी जानेवाली सांस्कृतिक अवशेषों की इकाइयों में से एक है, और संयुक्त राष्ट्र-संघ के शिक्षा-विज्ञान-संस्कृति संगठन ने इसे 'विश्व सांस्कृतिक विरासतों की सूची' में भी शामिल किया है। इस गोरस्तान का निर्माण करने में 30 से अधिक वर्षों का समय लगा था। इस गोरस्तान का कुल क्षेत्रफल 56 वर्ग-किलोमीटर है। पुरातत्वान्वेषकों ने दसियों वर्ष के काम के दौरान गोरस्तान के इलाके में क्रमशः बड़ी मात्रा में इमारतों के खण्डहरों और साथ में गाड़ी गई लोगों की गोरों का पता लगाया।

1998 में छिन राजवंश के प्रथम सम्राट् के मकबरे के दक्षिण-पूर्वी पार्श्व से लगभग 200 मीटर की दूरी पर साथ दफनाई जानेवाली चीजों के एक बहुत बड़े गढ़ के खण्डहरों का पता लगाया था। यह उत्तर से दक्षिण तक 105 मीटर लम्बा और पूर्व से पश्चिम तक 126 मीटर चौड़ा है। इसके चारों ओर द्वार हैं। गड्ढे का कुल क्षेत्रफल 13689 वर्ग-मीटर है। 70 वर्ग-मीटर के क्षेत्र में ही 80 कवचों और 30 शिरस्त्राणों तथा दफनाई गई अन्य चीजों का पता लगाया। अधिकांश कवच पत्थर के आयताकार पट्टों को जोड़कर बनाए गए हैं। कवच का ऊपरी हिस्सा लगभग 65-80 सेंटीमीटर लम्बा है, आगे-पीछे लम्बाई में पत्थर के पट्टों की 12 पंक्तियाँ हैं और चौड़ाई में 11 पंक्तियाँ हैं। नीचे का हिस्सा स्कर्ट के रूप में है जिसमें आगे की ओर 5 पंक्तियाँ और पीछे की ओर 4 पंक्तियाँ हैं। बाहुओं पर ऊपर से नीचे की ओर कुल 5 पंक्तियाँ हैं और दायें-बायें में सात पंक्तियाँ हैं। इसके अलावा कुछ कवचों के पत्थर के पट्ट अपेक्षाकृत छोटे हैं और रूप मछली के आकार के समान है। ये कवच बहुत बढ़िया बनाए गए हैं जिससे अनुमान किया जा सकता है इन्हें उच्च श्रेणी के सैनिक पहनते थे।

दफनाई गई वस्तुओं के गड्ढे के बीचोंबीच की निर्गमन-सुरंग में काँसे के एक 212 किलो के त्रिपाद की खुदाई भी की गई है। यह आज तक की खुदाई में प्राप्त छिन राजवंश का सबसे भारी त्रिपाद है जिसे 'छिन राजवंश के मकबरों का प्रथम त्रिपाद' कहा जा सकता है।

हान राजवंश के चिन्ती सम्राट के यांगलिंग गोरस्तान के पुरातत्त्वों की नयी खोज : हान राजवंश का चिन्ती सम्राट ल्युछी (188-141 ई.पू.) राजवंश के संस्थापक

ओचू सम्राट् ल्यु पांछ का पोता था। वे पश्चिमी हान राजवंश के चौथे सम्राट् थे। उनकी मृत्यु के बाद उनका दफन यांगलिंग मकबरे में किया गया था। उन्होंने सत्रह साल तक राज किया और उनके शासन काल में देश मजबूत और स्थिर था। साथ ही साथ आर्थिक स्थिति विकसित और समृद्धिशाली थी।

यांगलिंग गोरस्तान शेनशी प्रान्त के श्येनयांग शहर के वेइछांग क्षेत्र में चनयांग कस्बे के चांगच्यावान गाँव के उत्तर में स्थित है। यांगलिंग गोरस्तान चिन्ती सम्राट् ल्युछी और उनकी पटरानी वांग के अलग-अलग मकबरे का गोरस्तान है। चिन्ती सम्राट् का मकबरा पश्चिम में है, पटरानी वांग का मकबरा पूर्व में है। चिन्ती सम्राट् के मकबरे के उत्तर में दो और छोटी गोर हैं। कहा जाता है कि ये चिन्ती सम्राट् की दो अन्य रानियों की हैं।

यांगलिंग गोरस्तान के पुरातत्त्वान्वेषण का कार्य सन् 1990 में आरम्भ हुआ था। दफनाई गई वस्तुओं के कुल 24 गड्ढों और दफन-संस्कार सम्पन्न करने के लिए निर्मित कुछ इमारतों के खण्डहरों की जानकारी मिली है। अधिक मात्रा में रंगीन रेखाचित्र अंकित मिट्टी की मूर्तियाँ, जानवरों की मूर्तियाँ, उत्पादन के औजारों, उपयोगी वस्तुओं और मूल्यवान सांस्कृतिक अवशेषों की खुदाई की गई है। यांगलिंग गोरस्तान की सतह अनियमित आयताकार है। यह पूर्व से पश्चिम तक 3 किलोमीटर लम्बी उत्तर से दक्षिण तक 1-3 किलोमीटर चौड़ी तथा क्षेत्रफल में लगभग 12 किलोमीटर है। इसमें सम्राट् का मकबरा, पटरानी का मकबरा और साथ में दफनाए हुए व्यक्तियों की गोरों का क्षेत्र आदि कई भाग शामिल हैं। सम्राट् के मकबरे की सतह चौकोर है। हर तरफ की लम्बाई 417-418 मीटर है। चारों ओर मिट्टी को ठोक-पीटकर चिकनी की गई दीवारें हैं और हर दीवार के बीच के स्थान पर द्वार है। 90 गड्ढों में मुख्य रूप से घुड़सवार सैनिकों की मूर्तियाँ, पैदल सेना के सैनिकों की मूर्तियाँ, जानवरों की मूर्तियाँ, औजार, हथियार, गाड़ी और घोड़ों पर उपयोगी यंत्र और अधिक मात्रा में लकड़ी की गाड़ियाँ हैं।

हान राजवंश के चिन्ती सम्राट् का गोरस्तान आज तक चीन के पुरातत्त्वान्वेषण द्वारा पता लगाया गया सबसे सुरक्षित हालत में पाया जानेवाला पश्चिमी हान राजवंश के सम्राट् का गोरस्तान है। हान राजवंश और इसके बाद के राजवंशों के सम्राटों के मकबरे और गोरस्तान का निर्माण करने एवं दफन करने की व्यवस्था का अनुसन्धान करने के लिए यह बहुत ही महत्वपूर्ण है।

महाथाङ राजवंश काल में पश्चिम की तीर्थयात्रा के वृत्तान्त का चीन में अध्ययन

सन् 600 में जन्मे श्वेनत्साङ, चीन के थाङ राजवंश (618-907 ई.) के एक सुप्रसिद्ध बौद्ध आचार्य, विद्वान दार्शनिक, अनुवादक और पर्यटक थे।

'त्रिपिटक आचार्य' श्वेनत्साङ, चीन के इतिहास में एक ऐसी महान् विभूति हैं, जो चीन के घर-घर जबानजद हैं। वे जिन्दगी भर चीन-भारत के बीच सांस्कृतिक आदान-प्रदान में लगे रहे और उन्होंने इसके लिए अपना सर्वस्व दिया। वे चीन-भारत मैत्री के अग्रदूत थे।

बौद्ध धर्म के विस्तृत अध्ययन के लिए वे भारत में 17 वर्षों तक रहे। स्वदेश लौटने के बाद उनके द्वारा लिखवाए और उनके शिष्य श्येन ची द्वारा संकलित 'महाथाङ राजवंश काल में पश्चिम की तीर्थयात्रा का वृत्तान्त' में भारत और मध्य एशिया के उन 110 राज्यों, जिनकी श्वेनत्साङ ने यात्रा की थी, और श्रुत 28 राज्यों का श्रेणीबद्ध रूप से विवरण दिया गया है। यह यात्रा-वृत्तान्त, अपनी व्यापक विषयवस्तु, सुस्पष्ट वर्णन और सही विवरण से मध्य एशिया और भारत समेत दक्षिण एशियाई देशों के प्राचीन इतिहास व भूगोल के अध्ययन के लिए सबसे महत्वपूर्ण प्रत्यक्ष सन्दर्भ-सामग्री बन गया है।

श्वेनत्साङ का कुल-नाम छन ई था। उनकी जन्मभूमि वर्तमान हनान प्रान्त की येनस काउंटी का छनह गाँव था। उनके दादा और पिता दोनों सुप्रसिद्ध विद्वान थे। इसलिए बचपन से ही वे प्राचीन शास्त्रीय ग्रन्थों में प्रवीण हो गए थे। उनके बड़े भाई एक बौद्ध आचार्य थे। भाई के प्रभाव में आकर 13 वर्ष की उम्र में श्वेनत्साङ ने प्रव्रज्या प्राप्त की।

सन् 617 में चीनी समाज एक उथल-पुथल दौर से गुजर रहा था। स्वेई राजवंश (580-177) का पतन हो रहा था। 18 वर्षीय श्वेनत्साङ एक भिक्षु के रूप में बौद्ध संघाराम में पाँच साल तक रहे। इसी दौरान उन्होंने अनेक सूत्रों का अध्ययन किया।

इक्कीस वर्ष पूरे होने पर वे उपसम्पन्न हुए। बौद्ध सूत्रों का आगे अध्ययन करने के लिए उन्होंने मध्य चीन के हूपे, हनान, पश्चिम चीन के शेनशी और दक्षिण पश्चिम चीन के सछुआन आदि क्षेत्रों का भ्रमण कर, तेरह सुविज्ञ भिक्षुओं से 'महापरिनिर्वाण सूत्र', 'महायान संपरिग्रह शास्त्र', 'संयुक्त अभिधर्म हृदय शास्त्र' एवं 'अभिधर्म कोष शास्त्र' का गहन अध्ययन किया। इसी बीच उन्होंने नवोदित विज्ञानवाद का भी अध्ययन किया। तिस पर भी उन्हें बौद्ध धर्म की मूल समस्या—बुद्धत्व की समस्या पर एक सुनिश्चित व सर्वसम्मत उत्तर न मिल सका। इसका सटीक उत्तर और बौद्ध धर्म का सही ज्ञान पाने के लिए श्वेन त्साङ ने स्वयं भारत की यात्रा करने का संकल्प लिया।

सन् 626 की शीतऋतु में भारत के नालन्दा संघाराम के स्थविर आचार्य शीलभद्र के शिष्य परोपकार समुद्री मार्ग से यात्रा पर तत्कालीन राजधानी छाङआन आए।

श्वेनत्साङ को उनसे मालूम हुआ कि नालन्दा संघाराम भारत में बौद्ध धर्म का सर्वोच्च विद्यालय है और आचार्य शीलभद्र एक बड़े विद्वान हैं। वे असंग वसुबन्धु और धर्मपाल के सिद्धान्त ग्रहण कर योगाचार, विज्ञानवाद, हेतु-विद्या और शब्द विद्या में प्रवीण हैं, अतः श्वेनत्साङ ने भारत की यात्रा के संकल्प को और पक्का किया।

सन् 627 में श्वेनत्साङ ने जान-जोखिम की परवाह न करके, भारत की ओर अपना अभियान आरम्भ किया। रास्ते में उन्होंने अनगिनत कष्ट झेले। वे कई बार मरते-मरते बचे। सन् 630 में वे भारत में मगध के राजगृह पहुँच गए। नालन्दा संघाराम के भिक्षुओं ने उनका भाव विभोर होकर स्वागत किया। तब से उन्होंने अपना अध्ययन-कार्य शुरू किया। इसी बीच उन्होंने कुशीनगर, लुम्बिनी, बौद्धगया, मृगदाव तथा गृधकूट आदि छह प्रसिद्ध बौद्ध तीर्थों की यात्रा भी की। पाँच वर्ष तक कड़ी मेहनत करने के बाद उनकी शिक्षा पूरी हुई। फिर उन्होंने समूचे भारत की यात्रा आरम्भ की।

भारत-भ्रमण पूरा होने पर वे फिर नालन्दा वापस लौटे। शीलभद्र की अनुशंसा पर श्वेनत्साङ ने 'महायान संपरिग्रह शास्त्र' और 'विज्ञापति मात्र सिद्धि त्रिशंक कारिका शास्त्र' पर व्याख्यान दिए, तब से उनकी ख्याति समूचे भारत में फैल गई।

बौद्ध धर्म के अनुयायी सम्राट् शीलादित्य श्वेनत्साङ का बहुत आदर करते थे। सन् 642 के बारहवें माह में उन्होंने कान्यकुब्ज में श्वेनत्साङ के लिए पाँच वार्षिक परिषद् का आयोजन किया। परिषद् में श्वेनत्साङ ने महायान के सिद्धान्तों पर व्याख्यान दिया। भारत के 18 राजा, तीन हजार महायानी और हीनयानी भिक्षु, दो हजार ब्राह्मण व निगर्थ और नालन्दा के एक हजार भिक्षु सम्मिलित हुए थे। श्वेनत्साङ ने अपने प्रखर पांडित्य से सभी सम्प्रदायों के अनुयायियों को प्रभावित किया। उनके 'असत्यवाद खण्डन शास्त्र' पर किसी को भी आपत्ति उठाने की हिम्मत

न हुई। परिषद् 18 दिन तक चली। महायानियों ने उन्हें 'महायान देव' एवं हीनयानियों ने उन्हें 'मोक्षदेव' की उपाधियों से सम्मानित किया।

इसी बीच श्वेनत्साङ ने सम्राट् शीलादित्य को चीन की राजनीति, अर्थतन्त्र और संस्कृति का परिचय दिया। जिससे थाङ राजवंश के बारे में सम्राट् शीलादित्य की जानकारी में वृद्धि हुई। सन् 641 में सम्राट् शीलादित्य ने अपना दूत चीन भेजा। इसके बाद थाङ राजवंश के सम्राट ली शमिन ने भी अपना दूत भारत की यात्रा पर भेजा।

सन् 645 के वसन्त में श्वेनत्साङ स्थलीय मार्ग से स्वदेश लौटे। वे अपने साथ बारह घोड़ों पर 657 संस्कृत बौद्ध सूत्रों और बड़ी संख्या में बुद्ध-मूर्तियाँ लाद कर लाए।

उन्होंने बौद्ध धर्म की नई शाखा 'धर्म लक्षण शाखा' स्थापित की। और नए सिरे से बौद्ध सूत्रों का अनुवाद किया। सम्राट् ली शमिन ने छाङ आन में हुङफ संघाराम को उनका निवास बनाया और एक बृहद् बौद्ध सूत्र अनुवाद प्रतिष्ठान की स्थापना के लिए देश के अन्य स्थानों से विद्वान भिक्षुओं के चयन में उन्हें सहायता दी। इस प्रतिष्ठान में 19 वर्षों में 75 बौद्ध सूत्रों का चीनी में अनुवाद किया गया। जिनके चीनी अक्षरों की संख्या एक करोड़ तीन लाख थी। इसके अलावा श्वेनत्साङ ने चीन के ताओ धर्म की रचना 'लाओचि' का संस्कृत पाठ तैयार करने और भारत में तब अनुपलब्ध हो चुके महायान श्रद्धोत्वाद शास्त्र को फिर से संस्कृत में अनूदित कर वापस भारत भेजने में अहम भूमिका अदा की थी। विशेषकर श्वेनत्साङ ने जो 'महाथाङ राजवंश काल में पश्चिम की तीर्थयात्रा का वृत्तान्त' लिखा है उसका संस्कृत के इतिहास में अनुपम और अमूल्य स्थान है।

आज भी ईसा की सातवीं शताब्दी से पूर्व के दक्षिण एशियाई देशों का अध्ययन करने के लिए इस रचना का सहारा लेना पड़ता है। इस रचना में तत्कालीन 138 राज्यों की भौगोलिक स्थितियों, भूमि क्षेत्रफल, नगरों, सीमाओं, संचार, लोकाचार, प्रथाओं, उपजों, जलवायु, राजनीति और संस्कृति आदि लगभग सभी पक्षों का उल्लेख मिलता है।

'महाथाङ राजवंश काल में पश्चिम की तीर्थयात्रा का वृत्तान्त' को विभिन्न देशों के विद्वान महत्व देते आए हैं। उसका क्रमशः फ्रांसीसी, अंग्रेजी, रूसी, जापानी और हिन्दी में अनूदित कर प्रकाशन किया जा चुका है।

पिछले एक हजार वर्षों में पुरातत्त्व के क्षेत्र में नयी-नयी खोजों एवं इतिहास के अध्ययन में निरंतर प्रगति के साथ-साथ श्वेन त्साङ के यात्रा-वृत्तान्त का महत्त्व सिद्ध होता गया है। भारतीय पुरातत्त्ववेत्ताओं ने उनके उल्लेखों के मुताबिक राजगृह के खण्डहरों, सारनाथ, अजन्ता और नालन्दा में खुदाई की और भारी उपलब्धियाँ प्राप्त कीं।

समय के गुजरने के साथ-साथ, सांस्कृतिक क्षेत्र में श्वेनत्साङ के असाधारण योगदान को चीनी विद्वानों ने उत्तरोत्तर अधिकाधिक पहचान लिया है। इधर के वर्षों में चीन की सम्बन्धित अनुसन्धान शालाओं व विश्वविद्यालयों में अनेक विद्वानों ने श्वेनत्साङ और उनकी रचना 'यात्रा वृत्तान्त' का गम्भीरता से अध्ययन किया और इस संदर्भ में बहुत-सी मूल्यवान रचनाएँ लिखीं, जिनमें प्रोफेसर ची श्येन लिन आदि द्वारा लिखे गए 'थाङ राजवंश काल में पश्चिम की तीर्थयात्रा का वृत्तान्त का भाष्य' विशेष उल्लेखनीय है।

सन् 1991 में मध्य चीन के हनान प्रान्त के येनस काउंटी के छनह गाँव के लोगों ने श्वेनत्साङ के प्राचीन निवास का जीर्णोद्धार किया और श्वेनत्साङ स्मृति भवन का निर्माण किया। श्वेनत्साङ संग्रहालय का निर्माण भी किया जा रहा है।

सन् 1992 में 11 चीनी सुप्रसिद्ध विद्वानों के सुझाव पर श्वेन त्साङ अनुसन्धान केन्द्र की स्थापना हुई। इस केन्द्र में अनेक सुप्रसिद्ध विद्वान् कार्यरत हैं। इस केन्द्र की स्थापना इस बात का एक प्रतीक है कि चीन में श्वेनत्साङ के अध्ययन का एक नया दौर शुरू हुआ है। योजना के अनुसार अगले अप्रैल में हनान प्रान्त की येनस और शेनशी प्रान्त के शिआन शहरों में महाचार्य श्वेनत्साङ के निर्वाण की 1330वीं वर्षगाँठ के उपलक्ष्य में एक अन्तरराष्ट्रीय अकादमिक संगोष्ठी आयोजित की जाएगी। संगोष्ठी के दौरान बौद्ध धर्म, दर्शन शास्त्र हेतु विद्या, शब्दविद्या, इतिहास शास्त्र, भूगोल शास्त्र, नीतिशास्त्र, संस्कृति आदि क्षेत्रों में श्वेनत्साङ के योगदान पर विचार-विमर्श किया जाएगा।

मैं आश्वस्त हूँ कि विश्व के विभिन्न देशों के अनेक विद्वान एवं बौद्ध दार्शनिक हमारे साथ मिलकर श्वेन त्साङ के अध्ययन को नई दिशा प्रदान करेंगे।

भारत और चीन की अटूट मैत्री

भारत और चीन विश्व के चार प्राचीनतम सांस्कृतिक रूप से सभ्य देशों में गिने जाते हैं। इन दोनों देशों का इतिहास भी काफी पुराना है। दोनों राष्ट्रों के बीच कम-से-कम 2000 वर्ष का पुराना मित्रतापूर्ण सम्बन्ध है। इस सम्बन्ध को तीन अध्यायों में परखा जा सकता है।

भारत और चीन का मित्रतापूर्ण सम्बन्ध AD 185 शताब्दी से शुरू हुआ और 12वीं शताब्दी तक चलता रहा। इस सम्बन्ध का श्रेय बौद्ध धर्म को जाता है। जिस समय अन्य देशों में बौद्ध धर्म का प्रचार हुआ, उस समय चीनी जनता ने भी इस धर्म का जमकर स्वागत किया।

कहा जाता है कि हानवंश के सम्राट् हानमिंगती ने सपनों में एक बहुत ही महान सफ़ेद पुरुष को देखा था। इस सपने की सत्यता का पता लगाने के लिए 67 AD में दो बौद्ध पण्डितों को चीन में बुलाया गया। इसके पश्चात् दोनों देशों के पण्डित, विशेषज्ञ, विद्वान एवं बौद्ध संन्यासी परस्पर एक-दूसरे देश में आने-जाने लगे।

माना जाता है कि चौथी शताब्दी में करीब 10,000 भारतीय विद्वान चीन में थे। उस समय बौद्ध धर्म का अनुवाद जोरों पर हुआ। चीन के विद्वान भी इस कार्य में जुटे रहे। भारतीय विद्वानों में कुमारजीव का नाम आदर से लिया जाता है। उनके ज्ञान से प्रभावित होकर एक चीनी सम्राट् ने उन्हें अनेक चीनी लड़कियों से ब्याह करने की सलाह दी, ताकि अनेक बच्चे पिता के समान बुद्धिमान हों और ज्ञान का प्रकाश बढ़ाने की संख्या बढ़ती रहे। एक अन्वेषक के अनुसार चीनी भाषा में 10,000 बौद्ध शब्दों का प्रभाव रहा है।

एक चीनी पंडित चाङ छियेन ईसा पूर्व 136 में, आर्थिक सम्बन्ध बनाने हेतु कुछ कागज, बाँस एवं कपड़े भारत ले गए थे। चीनी पंडितों में फ़ा सीयेन, श्वेन त्साङ, ई चीङ एवं ताव स्वेन के नाम लिए जाते हैं। फ़ा सीयेन (Fahien) चौथी सदी में और श्वेन त्साङ (Hiuen Tsang) सातवीं सदी में बौद्ध धर्म के अध्ययन हेतु भारत गए और सालों तक बुधत्व सीखा। ये दोनों चीन के प्रतिनिधि और संस्कृति के

प्रचारक थे। श्वेन त्साङ ने 624 से 644 ई. में नालन्दा विश्वविद्यालय में पढ़ाई भी की थी। ई. चींङ ने 671 ई. में भारत का भ्रमण किया। इन तीनों पंडितों ने भारत के ऊपर अनेक पुस्तकें लिखीं जो कि भारतीय इतिहास को जानने में बहुत सहायक सिद्ध हुईं। पहली शताब्दी एवं बारहवीं शताब्दी के बीच भारत-चीन का सम्बन्ध आर्थिक, सामाजिक, राजनीतिक दृष्टि से मजबूत था। पौराणिक कथाओं को पढ़ने से पता चलता है कि भारतीय साहित्य ने भी चीन के साहित्य पर बहुत प्रभाव डाला है। 12 वीं शताब्दी से 19 वीं शताब्दी तक दोनों देशों पर विदेशी आक्रमण हुए। इन्हीं कारणों से भी दोनों देशों का सम्बन्ध मजबूत होता गया।

1850 से 1960 तक के समय को भारत-चीन सम्बन्धों का दूसरा अध्याय कहा जा सकता है। दोनों देशों ने विदेशी ताकतों को भगाने में एक-दूसरे की मदद की। सन् 1938-1943 तक चीन में जापानी सेना का आतंक रहा। चीनी जनता की सेवा करने भारत से डॉक्टरों का एक चिकित्सक दल भेजा गया। उनमें डॉ. कोटनिस, डॉ. मथान मोमनलाल अताल, डॉ. मुखर्जी और डॉ. जोलकर इत्यादि थे। डॉ. कोटनिस ने तो चीनी जनता की सेवा करते-करते अपने प्राण भी न्यौछावर कर दिए। उनका अन्तिम संस्कार चीन के हपेइ प्रान्त के शिय्या च्वाङ शहर के शहीद-मकबरे में किया गया था। दल के सदस्य डॉ. बसु ने नये चीन की स्थापना के बाद कई बार चीन की यात्रा की। उन्होंने चीनी परम्परागत चीनी एक्यूपंक्चर का भारत से परिचय कराया और क्रमशः कई एक्यूपंक्चर-केन्द्रों की स्थापना की। तब से वे चीन-भारत के बीच सांस्कृतिक व चिकित्सीय आदान-प्रदान करने के कार्य में प्रयत्नशील रहे हैं। सन् 1940 में चीन के प्रसिद्ध चित्रकार श्युपेहोन् ने स्व. रवीन्द्रनाथ ठाकुर के मित्र के रूप में भारत की यात्रा की और भारत में बहुत-से चित्र खींचे, जिनमें रवीन्द्रनाथ ठाकुर के चित्र भी शामिल हैं। उसी समय 'हिन्दी-चीनी भाई-भाई' का नारा भी सुनाई देता था। सन् 1939 में नेहरू का चीन-भ्रमण और 1942 में चीयाङ खाय शेक का भारत-भ्रमण आदि भी उल्लेखनीय है। भारत पंचशील सिद्धान्तों पर पूर्ण विश्वास रखता है और इस सिद्धान्त का समर्थन प्रसिद्ध चाऊ-एन-लाई जी ने भी किया था। सन् 1950-1960 के बीच भारत एवं चीन के अनेक नेताओं ने एक-दूसरे देश का भ्रमण किया। यानी आजादी के बाद 1950 में दोनों देशों का सम्बन्ध चरम-सीमा तक पहुँच गया और दोनों देशों के बीच राजनीतिक एवं विदेशी सम्बन्ध स्थापित हुए। लेकिन सन् 1962 में सीमा-विवाद के कारण कुछ झड़पें हुईं और मित्रता में कमी आ गई। इस घटना ने दोनों देशों की समन्वय की भावना को आघात पहुँचाया। इस कारण 1976 तक हमारी मित्रता में कोई खास प्रगति नहीं हो सकी, लेकिन हमें यह नहीं भूलना चाहिए कि जनता के प्रयास से धीरे-धीरे दोनों देशों की मित्रता सामान्य होती गई। सन् 1978 में फिर से दोनों देशों में सम्बन्ध स्थापित होने लगा इसे तीसरा अध्याय माना जा सकता है।

तत्कालीन भारतीय प्रधान मन्त्री राजीव गाँधी ने 1988 में चीन की यात्रा की और तत्कालीन प्रधानमन्त्री नरसिम्हा राव ने 1993 में। 1996 में चीन के राष्ट्रपति जियाङ जमिन भी भारत आए। इस तरह भारत और चीन की मित्रता हमेशा बनी रही है। चीन में हॉन युन नामक जगह में एक 'उड़ता हुआ शिखर' नामक पहाड़ है, जो एक भारतीय बौद्ध भिक्षु के अनुसार भारत के बिहार के राजगिरि नामक जगह से उड़कर चीन पहुँचा है। वास्तव में तो ऐसा सम्भव नहीं है, पर इससे भारत और चीन की गहरी दोस्ती का पता अवश्य चलता है।

अब प्रश्न उठता है कि आज 21वीं सदी की आवश्यकता क्या हैं? वास्तविक अर्थों में कौन-सा सिद्धान्त मानवता का हित साधने में समर्थ है, अथवा हो सकता है? महात्मा गाँधी ने अपने ढंग से मानवता के भविष्य की सुरक्षा के लिए ऐसा क्षितिज उद्घाटित कर दिया है, जिसकी ओर सावधानी से बढ़ने पर निश्चय ही मानवता का भविष्य सुधर सकता है। वह है—सत्य और अहिंसा की भावना। इन्हीं साधनों के द्वारा दृश्य-परिवर्तन पर विश्वास रखते थे। अहिंसा की शक्ति महान है। उसका प्रभाव अमिट और कल्याणकारी होता है। साध्य साधनों से जन्म लेते हैं। यदि हमारे साधन पवित्र हैं, तो साध्य स्वतः ही पवित्र होगा। गाँधीजी मानते थे कि जो नैतिक दृष्टि से गलत है, वह राजनीतिक दृष्टि से कभी सही नहीं होगा। हम एक-दूसरे को समझें, क्योंकि समझ ही अनुभूति की सीढ़ी है। समझ आने पर कभी-न-कभी व्यवहार में वे प्रवेश कर ही जाते हैं। मानव जीवन अमूल्य है। उसकी सार्थकता आत्मा के गुणों का विकास करने में और जीवन में उनका प्रयोग करने में ही है। आज इन मूल्यों को जीने में चुनौती है। सार्थकता है। आज इनकी अधिक अनिवार्यता है।

आज का युग कम्प्यूटर युग कहा जाता है। इससे कार्यों में तीव्रता ही नहीं, अपितु सुव्यवस्था भी आएगी। अन्तरिक्ष तकनीक और परमाणु विज्ञान का प्रयोग मानवजाति के कल्याणार्थ किया जाएगा। अमेरिका द्वारा घोषित 'स्टार वार' जैसे संकटों से निपटने के लिए उचित कदम उठाए जाएँगे। विश्व में शान्ति स्थापित करने में भारत और चीन सराहनीय भूमिका निभाएँगे। भारत का प्राचीन आदर्श 'वसुधैव कुटुम्बकम्' अर्थात् विश्व एक परिवार के समान है, की प्रतिस्थापना इक्कीसवीं सदी में दृष्टिगोचर होगी, यही आशा और कामना है।

राजनयिक मित्रता की पचासवीं वर्षगाँठ चीन और भारत : रिपोर्ट

वस्तुतः नवसहस्राब्दी चीन और भारत के लिए सुख एवं समृद्धि से परिपूर्ण अवसर माना जा सकता है। इस नवसहस्राब्दी में चीन और भारत ने अपनी राजनयिक मित्रता की 50वीं वर्षगाँठ हर्षोल्लास से मनाई। इन 50 वर्षों में भारत तथा चीन ने अनेक क्षेत्रों में विभिन्न उपलब्धियाँ अर्जित की हैं नया इतिहास रचा है। आज विश्व में दोनों देशों की गणना एक शक्ति के रूप में की जाती है।

भारत और चीन की राजनयिक मित्रता की 50वीं वर्षगाँठ के अवसर पर पीकिङ विश्वविद्यालय के हिन्दी विभाग ने हिन्दी लेखन को प्रोत्साहित करने एवं लिखित भाषा की शैली में कुशलता का विकास करने के उद्देश्य से हिन्दी निबन्ध प्रतियोगिता का आयोजन किया। निबन्ध प्रतियोगिता का विषय था–'चीन और भारत'। इस प्रतियोगिता में एम.ए. (हिन्दी) एवं बी.ए. (हिन्दी) के विद्यार्थियों ने भाग लिया।

निबन्ध प्रतियोगिता में निर्णायक के तौर पर–प्रो. चिन तिंगहान विदेशी भाषा संस्थान, श्री नवीन श्रीवास्तव द्वितीय सचिव भारतीय दूतावास चीन, श्रीमती वन्दना गोखले भारतीय दूतावास एवं प्रो. सी. ई. जीनी हिन्दी विभाग, पीकिङ विश्वविद्यालय थे। प्रतियोगिता में भाग लेने वाले विजेताओं को श्रीमती मालिनी नाम्बियार द्वारा पुरस्कार प्रदान किए गए। अन्य प्रतिभागियों को प्रोत्साहन पुरस्कार दिए गए।

पुरस्कार प्राप्त करने वाले छात्रों के नाम हैं :

प्रथम पुरस्कार – Bi Wei (हिन्दी नाम चन्द्रमा)

द्वितीय पुरस्कार – Liu Lè (हिन्दी नाम आशा)

तृतीय पुरस्कार – Wu Rui (हिन्दी नाम मोहन)

श्री गौतम एच. बम्वावाले चानूसेरि भारतीय दूतावास ने पुरस्कार आदि की व्यवस्था की।

इस समारोह में इन गण्यमान्य विद्वानों ने महत्त्वपूर्ण भाषण दिए :

भारत के राजदूत माननीय श्री वी.के. नाम्बियार।

प्रो. चिन तिंगहान, विदेशी भाषा संस्थान।

प्रो. जियाङ जिङखुइ, अध्यक्ष हिन्दी विभाग।

अतिथि प्रो. सी.ई. जीनी, पीकिंङ विश्वविद्यालय।

पीकिंङ विश्वविद्यालय के छात्रों तथा भारतीय छात्रों ने रंगमंच कार्यक्रम प्रस्तुत कर उपस्थित लोगों का मनोरंजन किया। पंचशील शान्तिपूर्ण सह-अस्तित्व सिद्धान्तों पर विश्वास रखनेवाले भारत और चीन के लिए नवसहस्राब्दी शान्ति संतृप्ति एवं प्रसन्नता का संचार करे। दृढ़ विश्वास के साथ कहा जा सकता है कि चीन और भारत के सम्बन्ध मैत्री एवं सौहार्दपूर्ण रहेंगे। भारत का प्राचीन आदर्श 'वसुधैव कुटुम्बकम्' अर्थात् विश्व एक परिवार के समान है, की प्रतिस्थापना 21वीं सदी में दृष्टिगोचर होगी यही हमारी आशा और कामना है।

प्रोफेसर जियाङ जिङखुइ, अध्यक्ष हिन्दी विभाग पीकिंङ विश्वविद्यालय के निर्देशन में समारोह सफलतापूर्वक सम्पन्न हुआ।

द्वितीय खण्ड

चीनी भाषा संदर्शन

भाषा-परिवारों का पारस्परिक लगाव और विलगाव

विविध भाषाओं में यदि ध्वनि-भाव, शब्दगत साम्य मिलते हैं तो वैसाम्य भी मिलते हैं। यूरोप तथा एशियाई भाषा-परिवारों में जो कुछ समानताएँ दिखलाई पड़ती हैं, उनसे भाषा वैज्ञानिकों की यह धारणा बनी है कि उक्त भाषा-परिवारों का विकास एकाकी अथवा विपरीत दिशाओं में नहीं हुआ है। विविध कालों के निरन्तर सांस्कृतिक आदान-प्रदान के कारण उक्त भाषा-परिवारों के अनेक शब्द विश्व के एक सिरे से दूसरे सिरे तक की यात्रा करने में सफल हुए। ये घुमक्कड़ शब्द जहाँ-जहाँ पहुँचे, वहाँ-वहाँ की आंचलिक भाषाओं की विशेष ध्वनि-प्रकृति और भाव-प्रकृति से प्रभावित होकर अपना विदेशी रूप बदलकर उन प्रदेशों की भाषाओं के अनुकूल रूपान्तरित हो गए हैं। फिर भी उन शब्दों का कोई-न-कोई अंश ऐसा बचा रहता है, जिसके सहारे हम उनके मूल रूप को/पूर्व रूप को अथवा अन्य रूप को पहचान लेते हैं। इन्हीं अवशिष्ट शब्द-अंशों के आधार पर अन्य भाषाओं में घुलमिल गए शब्द अथवा शब्द समूह के पूर्वजों या सगोत्रियों से हम उनका सम्बन्ध स्थापित करने में सफलता प्राप्त कर पाते हैं।

डॉ. रामविलास शर्मा की स्थापना के अनुसार 'क' ध्वनि का प्रयोग हिन्दी-चीनी परिवारों की सामान्य विशेषता है। चीनी भाषा में एक सर्वनाम है 'नी' जिसका अर्थ होता है 'तुम'। यह एशिया का प्राचीनतम सर्वनाम हो सकता है। संस्कृत में 'अस्माकम्' का एक और रूप 'नः' ही है। रूसी में 'नास्' 'नाशा' (हमको, हमारा) जैसे रूपों में वही 'नः' है। लैटिन में 'अहम्' के लिए तो 'एगो' है। परन्तु उसका बहुवचन 'नोस' है। उसी से नोस्त्रुम, नोबीस, जैसे अन्य शब्द-रूप बन जाते हैं। ग्रीक में लैटिन के समान 'अहम्' के लिए 'एगो' है। जिसके एकवचन सामासिक चिह्न बहुवचन में एमे-एमोन, हिमेइस-हिमास जैसे शब्द रूप बनते हैं, लेकिन द्विवचन में 'नो' और 'नोन' रूप प्राप्त होते हैं, जिनकी 'एगो' से उतनी ही पृथकता है जितनी

'अस्मद्' से 'नः' की। यही सर्वनाम सामी भाषाओं में भी है। आस्ट्रिक परिवार की खसी (खासी) भाषा में उत्तम पुरुष सर्वनाम 'न' है। द्रविड़ भाषा परिवार 'न' का अति बाहुल्य तमिल में नान (मैं), नांगळ (हम), नी (तुम), नींगल (आप), आदि। इतनी भाषाओं में 'हम' अथवा 'तुम' के लिए नः, नो, नी जैसे सर्वनाम रूपों का मिलना आकस्मिक और अकारण नहीं हो सकता। उसे एशिया और यूरोप का प्राचीनतम सर्वनाम मान लेने में कुछ भी अनुचित नहीं होगा।

इसी प्रकार अन्य सर्वनामों में चीनी में 'वो' (मैं) संस्कृत के सर्वनाम 'वह' से मिलता-जुलता है। हिन्दी शब्द 'माँ' की तरह चीनी में माता का 'त' कार ही रूप मिलता है। और उसी के अनुरूप पिता का भी। संस्कृत में एक 'दिव्' धातु है जिससे 'दिवस', 'देव', आदि शब्द-रूप निर्मित होते हैं। चीनी भाषा में भी 'दिआन' का अर्थ 'दिन' है। रूसी में दिन के लिए 'दूवे' शब्द है। लैटिन में 'दिईस' और अंग्रेजी 'डे', इस प्रकार भारतीय 'दिव्' का प्रभाव दूर-दूर तक फैला हुआ देखा जा सकता है। चीनी भाषा में 'गाय' के लिए 'मूनिउ' शब्द है, जिसका हमारे भाषा परिवार से कोई लेना-देना नहीं। लेकिन दक्खिनी चीनी (कैन्तनी भाषा) में 'गाव' शब्द है जो हिन्दी भाषा के 'गौ' से अपना कुल-सम्बन्ध प्रकट करता है।

संस्कृत में 'ले जाने' के लिए 'नी', धातु है, चीनी में 'न' का अर्थ है—लेना। 'सोना', 'सोने' के लिए संस्कृत में 'सस्' और 'स्वप्' हैं तो इन दोनों के समान चीनी भाषा में 'शुइ' शब्द है।

चीनी में 'च' कार मूल एक ऐसा शब्द है जो जल अथवा पेय अर्थ को व्यक्त करता है। कश्मीरी भाषा के पेय द्योतक शब्द च्यन् च्यनी, च्यन-वाब्, च्यथ्, च्यन-वोलु (पिये हुए), च्यन्-ग्राख (पीने वाला) आदि शब्द उक्त चीनी भाषा के जल अथवा पेय द्योतक शब्द से समानता रखते हैं। चीनी और कश्मीरी के उक्त शब्द संस्कृत भाषा के 'चम्' धातु से बने हैं और इसी से 'आचमन' जैसा पवित्र शब्द बनता है।

भाषिक सम्बन्ध : भाषा-वैज्ञानिकों के मतानुसार भारतवर्ष में कई भाषा-परिवारों की भाषाएँ बोली जाती हैं। उनमें एक प्रमुख भाषा-परिवार है, जिसको भाषाविद् चीनी-तिब्बती परिवार कहते हैं। नाग (नागालैंड) और मिज़ोरम प्रदेश में बोली जाने वाली भाषाएँ इसी चीनी-तिब्बती परिवार से सम्बन्ध रखती हैं। इस परिवार पर विशद् अध्ययन तो अभी तक नहीं हुआ है, फिर भी ऐतिहासिक विकास के अनुशीलनार्थ एक 'आर्य चीनी-तिब्बती भाषा' की कल्पना कर ली गई है। इस भाषा-परिवार के नाम से ही संकेत होता है कि इस भाषा-परिवार में समाहित भाषाओं का स्रोत भारत से कहीं बाहर है।

एतद् भाषा सम्बन्धी साम्य और वैषम्य पर डॉ. रामविलास शर्मा का विचार उल्लेखनीय है : "भारत के अनेक भाषा-परिवार शताब्दियों से एक साथ रहते आए हैं इसलिए इन्होंने एक दूसरे को प्रभावित करके ऐसी विशेषताएँ निर्मित की हैं जो भारत के अन्दर इन परिवारों में सामान्य हैं, किन्तु भारत के बाहर उन्हीं परिवारों की भाषाओं में वे विशेषताएँ नहीं मिलतीं। इसलिए भारत एक भाषायी क्षेत्र है और उसके

भाषा परिवारों का इतिहास उनके क्षेत्रीय सम्पर्क को ध्यान में रखकर प्रस्तुत करना चाहिए।"

चीनी भाषा में सम्मिलित बोलियाँ एक-दूसरे से बहुत-कुछ सीमा तक भिन्न हैं। वे परस्पर समझी नहीं जा सकतीं। इसी आधार पर कुछ भाषा वैज्ञानिक (पूँजीवादी भाषा वैज्ञानिक) कीचड़ उछालते हुए कहते हैं कि "चीनी भाषा का तात्पर्य एक ऐसे भाषा-परिवार अथवा समूह से है जिसमें एक दूसरे की समझ में न आने वाली अनेक प्रकार की भाषाएँ सम्मिलित हैं। इस दृष्टि से हिन्दी प्रदेश की विविध बोलियों की अवस्था इससे पूर्णरूपेण भिन्न है। इसका निष्कर्ष यह भी निकाला जा सकता है कि भाषा के स्तर पर हिन्दी जाति चीनी जाति की तुलना में कहीं अधिक सुसंगठित है।

यथार्थ में देखा जाए तो अमेरिका ही बहुजातीय राष्ट्र है। इसका अर्थ यह नहीं लिया जाना चाहिए कि वहाँ यूरोप की भाषाएँ बोलने वाले लोग भी हैं। अमेरिका बहुजातीय राष्ट्र इसलिए है कि वहाँ के मूल निवासी लोग अपनी भाषाएँ बोला करते हैं और उनके लिए लगातार संघर्षरत भी हैं। कहने की आवश्यकता नहीं है कि संयुक्त राज्य अमेरिका की भूमि पर वहाँ के मूल निवासियों का अधिकार पहले है और उसके बाद पूरे अमेरिकियों का। सचाई तो यह है कि संयुक्त राज्य अमेरिका में एक 'नेशन' (Nation) नहीं रहती है, यह बात दूसरी है कि गोरी जाति के लोगों ने अपनी साधन-सम्पन्नता के बल पर दूसरी जातियों को नगण्य बना रखा है। अमेरिका के भाषा-विशारद यह कहते हुए नहीं थकते कि उनके देश में आकर निवास करने वाले यूरोप और एशिया के लोग न केवल अंग्रेजी का व्यवहार करने लगते हैं वरन् उनकी एक-दो पीढ़ी बाद आने वाले उनके बच्चे अपनी मूल भाषा को भूल भी जाते हैं। सोवियत संघ के गणराज्य शिक्षा, संस्कृति, राजनीति आदि प्रसंगों में अपनी भाषाओं का खुलकर प्रयोग किया करते थे। जब कि सोवियत राष्ट्र को एकता के सूत्र में बाँधने वाली भाषा रूसी रही है। इस प्रकार का आचरण अमेरिका के आदिवासियों के लिए बिल्कुल भी सम्भव नहीं है कि वे अपने स्थानीय सामाजिक जीवन में अपनी मूल भाषाओं का खुलकर उपयोग करें और राष्ट्रीय स्तर पर अंग्रेजी का। इतना होते हुए भी अमेरिका के भाषा विज्ञानियों को लगता था कि रूसी भाषा गैर रूसी भाषाओं को निगले जा रही थी। यह एक सर्वमान्य तथ्य है कि सोवियत राष्ट्र की जनता ने रूसी को सम्पर्क भाषा के रूप में अपनाया था। और ऐसा किए बिना सोवियत संघ की न तो राष्ट्रीय एकता सम्भव थी न उसकी सुरक्षा। अमेरिकी भाषा विशारदों की जो धारणा रूसी भाषा के विषय में रही है, वही भारत की राष्ट्र भाषा हिन्दी के विषय में भी है। इजराइलियों के लिए हिब्रू वास्तव में उतनी ही गुरु है जितनी हिन्दी भाषा-भाषियों के लिए संस्कृत, पाली और प्राकृत। जब कि हिन्दी संस्कृत की पुत्री के रूप में सर्वमान्य और सर्वप्रिय है, लेकिन इस तरह हिब्रू की कोई पुत्री भाषा नहीं है।

चीनी भाषा के अन्तर्गत बहुत-सी बोलियाँ हैं और इनमें बहुत बड़े भेद भी हैं। ये अपने आप में सर्वस्वीकृत तथ्य है। इसके बावजूद अगर चीनी बोलियों की

पारस्परिक समानताओं की खोज की जाए तो इस निष्कर्ष पर पहुँचते देर नहीं लगती कि इन विविध बोलियों का व्याकरण एक है। शब्द-भण्डार में बहुत बड़ा अन्तर नहीं है। ध्वनितंत्र में प्रतिरूपों की समानता के नियम हैं। अतः यह कहना बहुत-कुछ समीचीन नहीं लगता कि चीनी भाषा में समाहित बोलियाँ परस्पर समझ में आने वाली नहीं हैं। निस्सन्देह चीनी एक जाति है, साथ ही उसकी एक सामान्य भाषा है और इस सामान्य भाषा में बहुत-सी उपभाषाएँ अथवा बोलियाँ समाहित हैं। चीनी भाषा की ये उपभाषाएँ या बोलियाँ एक अति प्राचीन लिपि में लिखी जाती हैं। इस लिपि का व्यवहार सामन्तकाल से ही होता चला आ रहा है। लिपि के आधार पर जाति या भाषा की एकता की बात करना बहुत-कुछ ऐसा होगा जैसे—लैटिन लिपि के प्रयोगाधार पर यूरोप की समस्त भाषाओं को एक ही भाषा स्वीकार कर लिया जाए। प्रस्तुत प्रसंग में सर्वाधिक ध्यान देने की बात यह है कि पूरे विश्व में भाषाओं की संख्या कहीं अधिक है। और उनकी तुलना में लिपियों की संख्या इनी-गिनी है। इस अन्तर का एकमात्र कारण यह है कि प्रत्येक भाषा सर्वप्रथम मौखिक रूप से बोली और सुनी जाती है। लिखित भाषा का प्रयोग तो सामाजिक विकास की दृष्टि से बहुत बाद में होता है। इस प्रसंग में यह उल्लेख कर देना भी आवश्यक प्रतीत हो जाता है कि मौखिक भाषाओं के विकास और विस्तार के हजारों केन्द्र होते हैं। इसकी तुलना में लिपियों के विकास और प्रसार केन्द्र बहुत सीमित संख्या में मिलते हैं; अतः लिपि को जातीय एकता का आधार नहीं बनाया जा सकता।

ध्यान देने की बात यह है कि चीनी लिपि भारोपीय लिपियों से भिन्न है। वह चित्र लिपि है। चीन की विभिन्न जातियाँ उसे देखकर अपनी-अपनी भाषाओं के अनुसार अलग-अलग तरह से पढ़ लेती हैं। एक ही लिखित रूप के मौखिक रूप बहुत से होते हैं। इस सम्बन्ध में एक उदाहरण प्रस्तुत करना समीचीन होगा। जिस समय चीनी सैनिक कोरिया में अमेरिकियों से लड़ रहे थे, उस समय कोरिया और चीन के अनेक सैनिक लिखकर एक-दूसरे की बात समझ लेते थे, किन्तु मौखिक रूप से एक-दूसरे की बात समझना उनके लिए सम्भव नहीं था। यदि चीन और कोरिया की लिपि सामान्य हो तो उससे यह सिद्ध न होगा कि कोरियाई और चीनी भाषाएँ वास्तव में एक ही भाषा परिवार की हैं। यदि इस मान्यता को (लिपि साम्य) स्वीकार कर लिया जाए तो बहुत बड़ा अनर्थ होने की सम्भावना है। भारतवर्ष के खासी, मिज़ो एवं नागा प्रदेश की भाषाएँ आओ, लोथा, सेमा...... आदि रोमन लिपि में लिखी जाती हैं। इस आधार पर तो उन्हें इंग्लिश भाषा के परिवार की भाषा मानना पड़ेगा। जो कि जागरूक भाषा वैज्ञानिकों को किसी भी कीमत पर स्वीकार नहीं होगा।

चीनी लिपि में लिखी भाषा शीघ्र नहीं सीखी जा सकती। चीनी भाषा-लिपि की इस दुरूहता पर प्रकाश डालते हुए राहुल सांकृत्यायनजी ने अपना अभिमत इस प्रकार अभिव्यक्त किया है : "इसका कारण चीनी अक्षरों की कठिनाई है। जिस भाषा की पुस्तकें पढ़ने के लिए पाँच-छह हजार अक्षरों का जानना आवश्यक हो, उसमें आदमी

की रुचि और प्रगति कैसे हो सकती है? मैं स्वयं चार-पाँच सौ अक्षरों को सीखते-सीखते हिम्मत हार बैठा था।" राहुल सांकृत्यायन (मेरी जीवन यात्रा 4, पृष्ठ 370)

कभी उक्रेन निवासी सिर पर हिन्दुओं की तरह ही लम्बी-लम्बी चोटी रखते थे। रूस का प्रथम राजा जो दसवीं शताब्दी में विजंतीन राजधानी कस्तन्तिनोपोल पहुँचा था का भी सिर घुटा हुआ था और बीच में हिन्दुओं-जैसी चोटी थी। कह नहीं सकते कि हिन्दुओं की यह चोटी उक्रेन में कैसे पहुँची अथवा उक्रेन निवासियों की यह चोटी हिन्दुओं के पास आई। तो क्या चोटियों के इस आधार पर हम उक्रेन निवासियों और हिन्दुओं को एक ही मूल का मानने की विद्वत्ता का परिचय देंगे?

इस प्रकार की संयोगजन्य समानताओं के आधार पर भाषा-परिवार अथवा भाषाओं की समानताएँ निश्चित कर लेना अल्पज्ञता और अज्ञानता के कारण ही हो सकता है। इस प्रकार के अधकचरे ज्ञान के आधार पर तो हम कह सकते हैं कि अंग्रेजी भाषा में 'ट' वर्ग है। तिब्बत की भाषा में भी 'ट' वर्ग है। भारत में आर्यों की भाषाएँ भी अपने कुल-धर्म के विरुद्ध जाकर 'ट' वर्ग-बहुल हो गई हैं। 'ट' वर्ग द्राविड़ भाषाओं की भी विशेषता है। तो क्या हम इन सबको एक ही भाषा-परिवार में रख सकते हैं? और क्या यह भाषा विज्ञान सम्मत होगा?

लिपि का प्रसार अथवा विस्तार संस्कृति-प्रसार के साथ भी हुआ करता है। फिन् (Find) लोगों को रोमन चर्च बने ईसाई धर्म में दीक्षित किया। कालान्तर में वहाँ उसी चर्च की सुधारवादी शाखा प्रोटेस्टेण्ट प्रभावी हुई। फलस्वरूप फिन् भाषा ने रोमन लिपि को अपना लिया। इस प्रकार संस्कृति का प्रथम प्रसार करने वाले लोग अपने प्रभाव में आने वाली जातियों में अपने स्थायी चिह्न छोड़ देते हैं। मध्य एशिया तथा अन्य दूसरे देशों में भी जहाँ-जहाँ अरबी संस्कृति ने अपने पाँव जमाए वहाँ-वहाँ अरबी लिपि ने या तो पुरानी लिपि को निर्मूल करके अथवा वहाँ की भाषाओं के अलिखित होने पर अपनी अरबी लिपि को देकर अपना चिरस्थायी प्रभाव छोड़ा। रोमन चर्च से प्रभावित होने वाले यूरोप के देशों ने भी इसी प्रकार रोमन (लैटिन) लिपि को स्वीकार कर लिया। ग्रीक चर्च ने जहाँ-जहाँ ईसाई धर्म प्रचार-प्रसार किया, वहाँ-वहाँ (रूस, बुलगारिया आदि देशों में) ग्रीक लिपि अपना ली गई। भारतीय संस्कृति के प्रभाव स्वरूप ही आज भी भारतीय लिपि से निकली लिपियाँ तिब्बत, बर्मा (म्यांमार), सियाम, कम्बोज आदि में प्रचलित हैं। इस आधार पर एक लिपि अपनाने वाली भाषाओं को एक ही भाषा-परिवार अथवा मूल की मान लेना भाषा-वैज्ञानिक दृष्टि से समीचीन नहीं कहलाएगा।

रोजनि-कथन से पूर्व ये समानताएँ आकस्मिक नहीं हैं। चीन और भारत का सम्बन्ध बौद्ध धर्म से बहुत पुराना है। पुरातत्त्वज्ञ मिट्टी के बर्तनों का तुलनात्मक अध्ययन करके ईसा से दो हजार वर्ष पूर्व की चीनी संस्कृति का सम्बन्ध भारत के

उत्तरी सीमान्त, मध्यपूर्व और दक्षिणी रूस से जोड़ते हैं। चेकोस्लोवाकिया के प्रसिद्ध भाषातत्त्वविद् और पुरातत्त्वज्ञ बेद्रिय ह्रैजनी ने अपनी पुस्तक 'पश्चिम एशिया, भारत और क्रीट का प्राचीन इतिहास' नामक ग्रन्थ में इस विषय पर विस्तार से प्रकाश डाला है। उनका मत इसलिए और भी महत्त्वपूर्ण है कि वह भारत-यूरोपीय भाषाओं का मूल केन्द्र एशिया में नहीं मानते। उन्होंने लिखा है, "निकट पूर्व के नव्य प्रस्तर युग की विशेषता तथाकथित चित्रित मृत्तिकापात्र हैं; किन्तु इस मामले में निकट पूर्व अपवाद नहीं है। इसके विपरीत यह उस विशाल यूरोप-एशियाई प्रदेश का एक खण्ड मात्र है जो बोहीमिया और मोराविया, थसेली और सिशिली (अर्थात् मध्य और दक्षिणी यूरुप) से लेकर पूर्व में चीन के कान्सू और होनान प्रान्तों तथा दक्षिण-पूर्वी मंचूरिया तक फैला हुआ है। यद्यपि यह विशाल प्रदेश छोटे-छोटे खंडों में विभाजित है, फिर भी इस बात की सम्भावना सबसे ज्यादा मालूम होती है कि वह एक विराट् सम्बद्ध इकाई है जिसका केन्द्र कोई स्थल विशेष होना चाहिए। इसी केन्द्रीय क्षेत्र से चित्रित बर्तन विभिन्न जनों के स्थानान्तरित होने से और कबीलों के परस्पर आर्थिक विनिमय से सभी दिशाओं में फैले हुए हैं। इस दिशा में ईसा पूर्व द्विसहस्राब्दी में चीन याङ्-शाओं संस्कृति के नव्यप्रस्तर युगीन अनेक रंगों में चित्रित मृत्तिकापात्रों की तुलना किएव के दक्षिण त्रिपोल्ये के, तुर्किस्तान में अनान के, तथा बैबीलोनिया, असीरिया और एलाम के मृत्तिकापात्रों से करनी चाहिए जो बहुत शिक्षाप्रद होगी। सम्भावना यह है कि इस क्रम में मध्यस्थ का काम भारत-यूरोपीय तोखारीजनों ने किया था या किसी केन्द्रीय क्षेत्र से—जो शायद तुर्किस्तान में रहा हो और तुर्किस्तान नहीं, तो कास्पियन समुद्र, पामीर और अल्ताई के बीच कहीं तो रहा ही होगा—बाहर जाने वाले किन्हीं अन्य जनों ने मध्यस्थ का काम किया होगा।"

अजिंठा (अजन्ता) मेरी जीवन यात्रा भाग-4 में घुमक्कड़ सम्राट् महापंडित राहुल सांकृत्यायन भारत और चीन के अटूट सम्बन्धों पर प्रकाश डालते हुए लिखते हैं : "हमारे राष्ट्र को अजिंठा पर अभिमान है। लेकिन इस अभिमान को हम केवल अपने तक सीमित नहीं रख सकते। यह इसी से मालूम है कि 1955 में चीन ने अजिंठा की 15 वीं शताब्दी मनाई है। चीनी गणराज्य अपनी चित्रकला में अजिंठा की देन स्वीकार करता है। इसी के प्रति अपना सम्मान प्रकट करने के लिए उसने यह उत्सव मनाया। भारत की अभी इधर नजर भी नहीं गई।... हम सोते रह गए और अजिंठा के प्रति अपनी श्रद्धा प्रकट करने में चीनी आगे बढ़े।"

(राहुल वाङ्मय, खण्ड-1, जिल्द-3, पृष्ठ 420)

हिन्दी और विश्व-भाषाएँ

भाषाविदों के सर्वेक्षण के अनुसार सारे संसार में तीन हजार पाँच सौ भाषाओं और बोलियों का प्रयोग बोलचाल के रूप में किया जाता है, लेकिन जिन भाषाओं अथवा बोलियों का प्रयोग लोगों द्वारा लिखित रूप में किया जाता है या लोग अपनी बात को एक-दूसरे तक पहुँचाने के लिए जिन भाषाओं अथवा बोलियों का व्यवहार करते हैं, उनकी संख्या पाँच सौ से अधिक नहीं है।

संचार माध्यम के लिखित और मौखिक रूप में जिन भाषाओं को व्यवहार में लाया जाता है, उनकी संख्या सोलह है। जिनका दैनिक व्यवहार के रूप में प्रयोग पाँच करोड़ से अधिक लोग करते कराते हैं। संसार की ये सोलह बहुप्रचलित अथवा प्रमुख भाषाओं का उल्लेख अकारादि क्रम से इस प्रकार कर सकते हैं—

1. अरबी, 2. अंग्रेजी, 3. इतालवी, 4. उर्दू, 5. चीनी परिवार की भाषाएँ, 6. जर्मन, 7. जापानी, 8. तमिल, 9. तेलुगु, 10. पुर्तगाली, 11. फ्रांसीसी, 12. बंगला, 13. मलाया-ब्रह्मसा (भाषा), 14. रूसी, 15. स्पेनी, 16. हिन्दी।

सर्वाधिक उल्लेखनीय और गौरवपूर्ण तथ्य यह है कि हिन्दुस्तान ही एकमात्र ऐसा देश है जिसकी पाँच भाषाएँ संसार की ऊपर उल्लिखित प्रमुख सोलह भाषाओं की सूची में सम्मिलित हैं। हिन्दुस्तान की भाषाओं को बोलनेवाले लोग भारत और संसार के एक सौ छत्तीस देशों में निवास करते हैं। इस प्रकार भारतीय भाषाएँ बोलनेवाले लोग भारत सहित संसार के एक सौ सैंतीस देशों में फैले हुए मिलते हैं।

उपर्युक्त चकित करनेवाले तथ्यों के विद्यमान होते हुए भी अत्यन्त क्षोभ के साथ यह भी स्वीकार करना पड़ता है कि उक्त भाषा-सूची में सम्मिलित भारतीय भाषाओं में प्रमुख और प्रधान स्थान रखनेवाली हिन्दी भाषा के व्यवहार करनेवालों की निश्चित और प्रमाणिक संख्या अभी तक नहीं जानी जा सकी है। और न इसके जानने की पहल भी किसी सरकारी अर्द्ध सरकारी अथवा निजी संस्था द्वारा किए जाने की कोई सम्भावना ही बन रही है। यद्यपि पाश्चात्य देशों के कई भाषा-विद्वानों ने संसार की मुख्य भाषाओं का व्यवहार करनेवालों के बारे में सर्वेक्षण करने के प्रयास

किए हैं, किन्तु इन सबके सर्वेक्षण परिणामों में हजारों का अन्तर किसी एक सुनिश्चित निष्कर्ष पर पहुँचने में सहायता नहीं कर पाता। पाश्चात्य भाषा-विद्वानों में एक भी ऐसा व्यक्ति नहीं है जिसने हिन्दुस्तान की जनगणनाओं में मात्र भाषाओं के संकलित किए गए आँकड़ों का समुचित विश्लेषण करके तथा संसार के विभिन्न देशों के हिन्दीभाषियों के संख्यागत आँकड़े इकट्ठे करके संसार की मुख्य भाषाओं की शृंखला में हिन्दी का तथ्यपरक सही स्थान निश्चित किया हो। यह एक आश्चर्य नहीं तो क्या है! हम विदेशी भाषाविदों के सिर पर ही दोष क्यों मढ़ें। स्वयं हिन्दुस्तान और संसार के अन्य एक सौ छत्तीस देशों में निवास करनेवाले करोड़ों भारतीयों में से भी तो किसी ने अभी तक इस दिशा में वैज्ञानिक ढंग से शोध करने का साहस नहीं जुटाया।

संसार में लिखी और बोली जानेवाली सोलह भाषाओं में हिन्दी का संख्या-क्रम से सही स्थान कौन-सा है, इस दिशा में शीघ्रातिशीघ्र सही और समुचित पहल करने की भाषिक राष्ट्रीय आवश्यकता है।

सन् 1970 में प्रोफेसर सिडनी कुलबर्ट वाशिंगटन विश्वविद्यालय ने संकलित भाषा आँकड़ों के आधार पर भाषा बोलनेवालों की संख्या की दृष्टि से विश्व की प्रमुख भाषाओं में चीनी को प्रथम, अंग्रेजी को दूसरा और हिन्दी को तीसरा स्थान दिया था। इस प्रसंग में यह उल्लेख करना भी समीचीन होगा कि अमेरिका तथा फ्रांस के कतिपय विद्वान चीनी भाषा को प्रथम, अंग्रेजी भाषा को दूसरा और रूसी भाषा को तीसरा स्थान देते हुए हिन्दी भाषा को स्पेनी भाषा के साथ चौथा स्थान प्रदान करते हैं, परन्तु डॉ. रामजीलाल जांगिड का अभिमत इन सबसे अलग है। उनके अनुसार संसार की मुख्य सोलह भाषाओं में चीनी भाषा के बाद हिन्दी भाषा का दूसरा स्थान है। उनका कहना है कि पाश्चात्य विद्वानों में भारतीय भाषाएँ बोलनेवालों के संकलित आँकड़ों का गहराई और सावधानी से विवेचन नहीं किया। उनका यह भी कहना है कि हिन्दी भाषा को दूसरे स्थान पर रखने के निष्कर्ष पर पहुँचने के उनके मुख्य रूप से दो आधार हैं–

(1) भारत के राज्यों और संघ क्षेत्रों की 1971 की जनसंख्या का विश्लेषण।
(2) विभिन्न भारतीय भाषाओं और बोलियों को अपनानेवालों की संख्या की गहन और विस्तृत समीक्षा।

डॉ. रामजीलाल जांगिड ने अपने उक्त मत की पुष्टि में जहाँ एक ओर सन् 1971 की जनगणना-प्रक्रिया की कमजोरी अथवा अधूरेपन की ओर संकेत दिया है, वहीं जनगणना-प्रक्रिया को सम्पूर्णता प्रदान करने के लिए और हिन्दी को जानने-बोलने और सुननेवालों की सही स्थिति समझने के लिए यह भी सुझाव दिया है कि जनगणना-प्रक्रिया से जुड़े लोगों को अनिवार्य रूप से एक प्रश्न यह भी पूछना चाहिए कि वे हिन्दी जानते-बोलते और समझते हैं? तभी हिन्दी भाषा को अपनानेवालों की

संख्या का सही स्वरूप सामने आ सकता है।

यह उल्लेख करते हुए बड़ा अजीब-सा मालूम पड़ता है कि जनगणना विभाग के महारथियों ने भाषाओं और बोलियों के आँकड़े संकलित करते समय कई एक अनजानी भारतीय भाषाओं तक की खोज कर डाली है। कुछ उदाहरण उल्लेखनीय हैं—जनगणना विभाग द्वारा दिए गए आँकड़ों के अनुसार सन् 1971 में हिन्दुस्तान में तिहत्तर हजार आठ सौ सैंतालीस (73847) व्यक्ति 'किसान' भाषा, 25068 व्यक्ति 'क्षत्रिय' भाषा, 24624 व्यक्ति 'इस्लामी' भाषा, और 5111 लोग 'राजपूती' भाषा बोलते हैं।

वस्तुतः खेती करनेवाले को किसान कहते हैं। जिनकी कोई एक निश्चित जाति नहीं होती। इसी तरह क्षत्रिय या राजपूत एक जाति बोधक शब्द है तो इस्लाम एक धर्म या सम्प्रदाय का। व्यवसाय, जाति अथवा धर्म के नाम पर मातृभाषा गढ़ लेना न तो उचित है और न भाषा-वैज्ञानिक दृष्टि से समीचीन ही। उक्त भाषिक आँकड़ों का खोखलापन इस तथ्य से भी स्पष्ट हो जाता है कि जनगणना-कार्य में लगे धुरन्धरों ने राजस्थानी के विविध-रूपों—मारवाड़ी, ढूँढारी, मेवाड़ी तथा हड़ौती तक को स्वतंत्र मातृभाषाएँ स्वीकार करते हुए इनके बोलनेवालों के अलग-अलग आँकड़े दिए हैं। इसके विपरीत यह सभी जानते हैं कि राजस्थान राज्य में सरकारी काम-काज, जनसंचार, व्यापार और शिक्षा का माध्यम हिन्दी भाषा है, अतः इन सब को हिन्दी परिवार में ही गिना जाना चाहिए था और ऐसा ही व्यवहार ब्रज, अवधी, बिहारी, भोजपुरी, मैथिली, मगही, पूर्वी नागरी और हिन्दुस्तानी के अंतर्गत किए गए आँकड़ों के साथ किया जाना समीचीन होता। इतना ही नहीं जनगणना में लगे कार्यकर्त्ताओं ने कुछ शहरों के नाम पर भी भाषाओं का उल्लेख कर डाला है। उदाहरण के लिए भागलपुरी, बिलासपुरी, नागपुरी, मुजफ्फरपुरी तथा जयपुरी।

इस प्रकार की त्रुटिपूर्ण सूचना अथवा अज्ञानता का दुष्परिणाम यह निकला कि 1971 की जनगणना में 54.78 करोड़ से कुछ अधिक भारतवासियों में हिन्दी भाषियों की संख्या घटकर मात्र 15.37 करोड़ से कुछ ज्यादा ही रह पाई अन्यथा मानी गई। जबकि वास्तविकता तो यह है कि उस समय हिन्दी को व्यवहार में लानेवालों की संख्या 40 करोड़ थी। जो भाषा-विद्वान् हिन्दी को चौथे स्थान पर स्वीकार करते हैं उनके अनुसार चीनी बोलनेवालों की 70 करोड़, अंग्रेजी बोलनेवालों की संख्या 30 करोड़, रूसी बोलनेवालों की संख्या 20 करोड़ और हिन्दी भाषियों की संख्या 16.5 करोड़ मानते हैं या बतलाते हैं। इसी भाषा-सूची में बिहारी बोलनेवालों की संख्या 4 करोड़, राजस्थानी बोलनेवालों की संख्या 1.5 करोड़, भीली बोलनेवालों की संख्या 20 लाख और गौंडी बोलनेवालों की संख्या 15 लाख अंकित की गई है। पुनः यह उल्लेख कर देना आवश्यक है कि जिन राज्यों में इन बोलियों का प्रयोग किया जाता है, उन राज्यों के राजकाज, जनसंचार, शिक्षा, व्यापार और घर के बाहर की

सम्पर्क भाषा हिन्दी ही है, अतः जिस प्रकार चीनी भाषा के विभिन्न रूपों को 'चीनी भाषा परिवार' में गिना जाता है, उसी तरह से इन बोलियों को भी 'हिन्दी भाषा परिवार' में सम्मिलित करना चाहिए। इन बोलियों को बोलनेवालों की संख्या यदि हिन्दी भाषियों की ऊपर दी गई संख्या (16.5 करोड़) में सम्मिलित कर लिया जाए तो हिन्दी बोलनेवालों की संख्या का योग रूसी बोलनेवालों की संख्या (20 करोड़) से अधिक हो जाता है। हिन्दी भाषी क्षेत्र से सटे हुए प्रदेशों की भाषाएँ, गुजराती, मराठी, पंजाबी, बांगला, ओड़िया (उड़िया), असमिया (अहोमिया) तथा कश्मीरी के अतिरिक्त संस्कृत जाननेवाले लोगों की संख्या 16.6 करोड़ है। इन समस्त भाषाओं को बोलनेवाले लोगों का हिन्दी भाषा से सदियों से निकट का सम्बन्ध रहा है। इन भाषाओं का व्यवहार करनेवाले लोग ही हिन्दी फिल्मों, हिन्दी प्रसारणों, हिन्दी पत्र-पत्रिकाओं और हिन्दी पुस्तकों से सरलता से लाभ उठाते रहते हैं। दूसरे शब्दों में कह सकते हैं कि हिन्दीतर भाषा-भाषियों की भी हिन्दी में कामचलाऊ पैठ है। अगर इन भाषाओं को बोलनेवालों की आधी संख्या को भी हिन्दी भाषा परिवार में सम्मिलित कर अथवा मान लिया जाए तो यह योग अंग्रेजी भाषा बोलनेवालों की संख्या (30 करोड़) से भी अधिक हो जाता है।

प्रस्तुत प्रकरण में हिन्दी भाषा की स्थिति का राज्यों की दृष्टियों से विचार भी कर लेना उपयुक्त होगा। हिमाचल प्रदेश, हरियाणा, चण्डीगढ़, दिल्ली, राजस्थान, उत्तर प्रदेश, मध्य प्रदेश तथा बिहार राज्यों की जनसंख्या कुल मिलाकर सन् 1971 में 22.99 करोड़ से भी अधिक थी। यह संख्यात्मक तथ्य भी हिन्दी भाषा-भाषियों की संख्या 16.5 करोड़ मानने पर एक प्रश्नवाचक चिह्न खड़ा करती है। जम्मू-कश्मीर, पंजाब, गुजरात, महाराष्ट्र, गोवा, दमन-दीव और अण्डमान-निकोबार द्वीप समूह की कुल मिलाकर जनसंख्या सन् 1971 में 9.61 करोड़ से भी अधिक थी। इन राज्यों में हिन्दी भाषा से शायद ही कोई अपरिचित हो। यदि इनकी संख्या को भी हिन्दी का व्यवहार करनेवालों की संख्या में जोड़ दें तो यह सम्पूर्ण योग 36.7 करोड़ हो जाता है। सन् 1971 में भारतवर्ष की जनसंख्या 54.79 से कुछ अधिक में से यदि यह संख्या घटा दें तो 22.19 करोड़ की संख्या शेष बचती।

यह सब लोग 15 राज्यों तथा संघ क्षेत्रों में फैले हुए हैं। जिनके नाम इस प्रकार गिनाए जा सकते हैं—(1) केरल, (2) कर्नाटक, (3) आन्ध्र प्रदेश, (4) लक्षद्वीप तथा मीनीकोइ द्वीप समूह, (5) पांडिचेरी, (6) तमिलनाडु, (7) उड़ीसा, (8) पश्चिम बंगाल, (9) असम, (10) मेघालय, (11) अरुणाचल, (12) त्रिपुरा, (13) नागालैंड, (14) मणिपुर, (15) मिज़ोरम।

उपर्युक्त 15 राज्यों के एक तिहाई लोग भी हिन्दी का व्यवहार करनेवाले (बोलने और समझनेवाले) मान लिए जाएँ तो भारतवर्ष में भी हिन्दी भाषा बोलनेवालों की संख्या 40 करोड़ के समीप पहुँचती है। इसके साथ ही इस तथ्य को भी नहीं

भुलाना चाहिए कि पश्चिम बंगाल, उड़ीसा, तमिलनाडु, कर्नाटक और आन्ध्र प्रदेश में हिन्दी-भाषी प्रदेशों के लोग पर्याप्त संख्या में बसे हुए हैं। यदि इन सब तथ्यों पर (जो अनदेखे कर दिए गए थे अथवा जिनकी तरफ भाषाविदों का ध्यान ही नहीं गया है) ध्यान दिया जाए तो 1971 में हिन्दी भाषा का प्रयोग करनेवालों की संख्या रूसी भाषा का व्यवहार करनेवालों से दो गुनी और अंग्रेजी का प्रयोग करनेवालों से सवाई मान ली जानी चाहिए।

पाश्चात्य भाषा विद्वानों को चीनी भाषा का प्रमुख क्षेत्र चीन, अंग्रेजी भाषा का प्रमुख क्षेत्र अमेरिका, कनाडा, इंग्लैंड, आयरलैंड, आस्ट्रेलिया और न्यूजीलैंड तक है। इसी प्रकार रूसी भाषा का क्षेत्र तत्कालीन सोवियत संघ माना है और हिन्दी भाषा का क्षेत्र मात्र भारतवर्ष को माना है। इस प्रसंग में यह संकेत करना भी सर्वथा समीचीन होगा कि 15 जुलाई, 1980 के आँकड़ों के अनुसार एक करोड़ दस लाख हिन्दुस्तानी विश्व के 136 देशों में फैले हुए थे। नेपाल, मलेशिया, मॉरीशस और श्रीलंका जैसे देशों में भारतवासियों की संख्या विशेष रूप से उल्लेखनीय थी। पड़ोसी देश नेपाल में भी उस समय 38 लाख भारतीय निवास करते थे। अतः हिन्दी का व्यवहार करनेवालों की संख्या निश्चित करते वक्त इन देशों को भुला देना किसी प्रकार भी तर्क-सम्मत नहीं ठहराया जा सकता। इतना ही नहीं बांगला देश में बांगला और पाकिस्तान में उर्दू राजभाषाएँ भले ही हों, फिर भी उन देशों में हिन्दी अथवा हिन्दुस्तानी भाषा समझी जानेवाली (विदेशी) भाषा है। अंग्रेजी जाननेवाले जिन देशों का ऊपर उल्लेख किया गया है उनके अलावा इंग्लैंड के पूर्व उपनिवेशों के दो प्रतिशत अंग्रेजी भाषा बोलने या समझनेवालों को भी अंग्रेजी समझने या बोलनेवालों की संख्या में जोड़ लिया जाए तो भी अंग्रेजी भाषा का प्रयोग करनेवालों की संख्या हिन्दी भाषा बोलने-समझने या व्यवहार में लानेवालों की तुलना में कम ही होगी। अगर स्टेट्समैन ईयर बुक के 119वें संस्करण (1982-83) को इस प्रसंग में हम अपना दस्तावेज मान लें तो हम इस निष्कर्ष पर पहुँचते हैं कि अंग्रेजी भाषा के व्यवहार करनेवाले प्रमुख क्षेत्र माने जानेवाले देशों ग्रेट-ब्रिटेन (1981 की जनसंख्या 5.593 करोड़), अमेरिका (1980 की जनसंख्या 22.65 करोड़), कनाडा (1981 की जनसंख्या 2.22 करोड़), आयरलैंड (1979 की जनसंख्या 33.7 लाख), आस्ट्रेलिया (1980 की जनसंख्या 1.462 करोड़) तथा न्यूजीलैंड (1981 की जनसंख्या 32 लाख) की कुल जनसंख्या सन् 1981 के आसपास 32.782 करोड़ बनती थी। और इसी वर्ष भारत देश की जनसंख्या 68.39 करोड़ के आसपास थी। ध्यान रखने की बात है कि भारतवर्ष के 70 प्रतिशत के आसपास लोग राजकाज, जनसंचार, शिक्षा, व्यापार, घर के बाहर कामकाजी सम्पर्क के लिए हिन्दी भाषा का ही व्यवहार करते हैं। यह स्वीकार कर लेने पर हिन्दी भाषा प्रयोक्ताओं की संख्या 47.87 करोड़ तक पहुँच जाती है। जो संसार में अंग्रेजी के गढ़ माने जानेवाले देशों की कुल जनसंख्या के डेढ़ गुणा के

आसपास आ जाती है। अगर हिन्दुस्तान में उसके आधे लोगों को भी हिन्दी का प्रयोग करनेवाला मान लिया जाए तो भी अंग्रेजी की समानता में हिन्दी जाननेवालों की संख्या के आनुमानिक आँकड़े कुछ इस प्रकार दिए गए हैं–

	देशीय (Native)	कुल
मैंडरिन/चीनी	81.7	90.7 करोड़
हिन्दी	32.1	38.3 करोड़
स्पेनी	32.0	36.2 करोड़
अंग्रेजी	31.6	45.6 करोड़
बांगला	18.0	18.9 करोड़
अरबी	17.8	20.8 करोड़
रूसी	17.3	29.3 करोड़
पुर्तगाली	16.5	17.7 करोड़
जापानी	12.5	12.6 करोड़
जर्मन	9.8	11.9 करोड़
फ्रांसीसी	7.1	12.3 करोड़
मलय-इंडोनेशियन	4.8	14.8 करोड़

उक्त तालिका में देशीय वर्ग के अंतर्गत जो संख्या दर्शाई गई है उसके आधार पर विश्व-भाषाओं में हिन्दी भाषा का स्थान दूसरा ठहरता है। और अंतिम वर्ग के आधार पर तीसरा। इसके साथ ही अगर बंगला भाषा-भाषी लोगों के पर्याप्त प्रतिशत भाग को हिन्दी जानने में समर्थ स्वीकार कर लिया जाए तब कुल संख्या में भी हिन्दी भाषा जानकारों की संख्या की स्थिति प्रमुख स्थान प्राप्त करने में समर्थ होगी।

मेरा चीन प्रवास

किसी भी देश-समाज की नई पीढ़ी से मिलना, उससे बतियाना उसके साथ विचार-विमर्श करना अपने में एक नया अनुभव होता है। युवकों के सपनों, उनकी इच्छाओं, उनकी समस्याओं आदि से परिचित होकर हम उस देश-समाज की स्थितियों और परिवर्तनों आदि के बारे में भी बहुत कुछ जान और भाँप लेते हैं—स्वयं उस पीढ़ी की विशेषताओं को हृदयंगम कर लेते हैं।

जब मुझे चीन के पीचिंङ विश्वविद्यालय में दो वर्ष के लिए हिन्दी-अध्यापन का मौका मिला तो मेरे मन में तरह-तरह की बातें आईं। मैं पीचिंङ विश्वविद्यालय की स्थापना के बारे में सोचने लगी। पीचिंङ विश्वविद्यालय की स्थापना सन् 1989 में हुई थी। इसके पहले यहाँ येमचिङ विश्वविद्यालय था, जो एक मिशनरी विश्वविद्यालय था, जिसे अमरीकियों ने स्थापित किया था। सन् 1952 में यह विश्वविद्यालय यहाँ स्थापित हुआ। कहा जाता है कि महान् 'चार मई' का आन्दोलन इसी विश्वविद्यालय से हुआ था। शोषण और विसंगतियों से परास्त देश-प्रेम की भावनाओं से प्रेरित होकर विद्यार्थियों ने सन् 1919 के चार मई के ही दिन साम्राज्यवाद और सामंतवाद का विरोध करने के लिए थ्येन आन मन के सामने जुलूस निकाला था। छात्रों पर डंडे बरसाए गए। विद्यार्थियों को पकड़-पकड़कर घसीटा गया। उन पर गोलियों की बौछार की गई। जिससे काफी संख्या में छात्र शहीद हुए। ऐसी निर्ममता प्रतिक्रियावादी सरकार ही दिखा सकती थी। इतिहास इसका साक्षी है, लेकिन बर्बरतावादी सरकार टिक नहीं सकी और नए चीन की स्थापना हुई।

नए चीन की स्थापना को विभाजक रेखा माना गया है। यानी 1921 से लेकर 1949 तक के 28 वर्षों में पार्टी ने पुराने चीन को उखाड़ फेंका। उसके बाद के 35 वर्षों में पार्टी ने नए चीन का निर्माण किया है। जुलाई 1921 को कम्युनिस्ट पार्टी की स्थापना हुई। सन् 1927 में माओ-त्से-तुङ ने शरदकालीन फसल विद्रोह का नेतृत्व किया, और चिङ किङ पर्वत पर देहाती क्रान्तिकारी आधार-क्षेत्र की स्थापना की। उस समय चू तेह के नेतृत्व में रहनेवाला दस्ता माओ-त्से-तुङ के दस्तों से आ मिला। उन लोगों ने मिलकर गाँवों से शहरों को घेरने की क्रान्तिकारी रणनीति तैयार

की। बताया जाता है कि गाँवों से शहरों को घेरने के सिद्धान्त के अनुसार सारे चीन को मुक्त किया गया। हाँ, स्वतन्त्रता किसे प्यारी नहीं होती। प्राणी जन्म से ही स्वतन्त्रता-प्रिय होता है। ऋग्वेद में कहा गया है—'यतेमहि स्वराज्ये' क्योंकि 'परतन्त्रता विषनदी मांगल्य विध्वंसिनी। मनुष्य ही क्या, सभी जीव-जन्तु स्वतंत्रता पर अपने प्राण न्यौछावर कर देते हैं। स्वतन्त्रता सभी का जन्म-सिद्ध अधिकार है। जैसाकि भारतीय नेताओं ने उद्घोषित किया—'Freedom is my birth Right' देश-प्रेम का भाव तो बहुत ही सात्त्विक है।

जो भरा नहीं है भावों से
बहती जिसमें रसधार नहीं
वह हृदय नही है पत्थर है
जिसमें स्वदेश का प्यार नहीं।

इसका सभी नागरिकों में होना अनिवार्य है। जिस प्रकार प्रकृति का चिर-सौन्दर्य जीवन के सनातन सत्य की ओर प्रेरणा देता है तथा जिस प्रकार नवीन समाज-व्यवस्था में मनुष्य के विचार और उसकी अनुभूतियाँ भी नया स्वरूप ग्रहण करती हैं, उसी प्रकार नई परिस्थितियाँ नए विचारों और मानदण्डों में पनपने लगती हैं। निरन्तर परिवर्तित और विकसित होने लगता है।

वे मानते हैं कि समाजवादी चीन का उदय चमत्कारी और प्रभापूर्ण सूर्य की भाँति है। बहुसंख्या में नए चीन की स्थापना के बाद चीन के निर्माण में बड़ी सफलताएँ प्रस्फुटित हुईं—शिक्षा नीति में सुधार हुआ, विदेशी आने लगे और चीन के लोग भी अन्य देशों में शिक्षा ग्रहण करने के लिए देश के दूसरे कोने में जाने लगे। नया आविष्कार हुआ, उसके कारण समस्त आर्थिक व्यवस्था बदल गई और जीवन के स्तर में सुधार हुआ। कृषि में उत्पादन की मात्रा बढ़ी, नई मशीनों का उत्पादन हुआ, रोजगार के अवसर बढ़े, लेकिन सांस्कृतिक क्रान्ति ने हर क्षेत्र को बहुत भारी नुकसान भी पहुँचाया है ऐसा भी कुछ लोग मानते हैं।

चीन की जनता से धीरे-धीरे मेरा कुछ परिचय बढ़ा—विशेष रूप से नई पीढ़ी से। एक नया वातावरण पाकर मन में एक ताजगी उत्पन्न हुई। यह ताजगी उन परिस्थितियों और चुनौतियों की ताजगी से थी, जिसने मेरी आँखें खोली हैं। अब जो पीढ़ी बीस के आसपास की है (यानी उससे अधिक या कम), नए चीन क़ी स्थापना परिवर्तनों ने उसके मन में पूरी बात और उसके अर्थों और आशयों को एक नए आभास के रूप में ढाल दिया है, ऐसा महसूस होता है। वे इतिहास और वर्तमान को कई रूपों में पहचान रहे हैं। अपनी जीविका के लिए सभी सोचने लगे हैं, पढ़ाई समाप्त होते ही अर्थोपार्जन के हर सम्भव उपाय ढूँढ रहे हैं। वे स्वयं अपने को ही नहीं, देश एवं समाज को भी दुनिया भर की गतिविधियों से जोड़ना चाहते हैं। उन पर विदेश अर्थात् यूरोप और अमेरिका जाने की धुन सवार रहती है, कभी-कभार इस सम्बन्ध में आवेदन-पत्र को वजनदार बनाने के लिए सहायता भी माँग लेते हैं। वे

लोग एक नए प्रतियोगी वातावरण के बीच अपने को कई तरह से लैस करने के इच्छुक नजर आते हैं। नई पीढ़ी एक आरामदायक जीवन-स्तर से जीना चाहती है। वे मानते हैं कि राज्य या परिवार की तरफ से वैसा जीवन-स्तर उसकी झोली में सहज ही आकर नहीं गिर पड़ेगा। उसके लिए उसे खटना होगा, जूझना होगा। वे देखते हैं कि दुकानों-बाजारों की साज-सज्जा भी बहुत-कुछ बदल चुकी है। इनमें से बहुतेरा सामान उनके लिए काफी महँगा है और उनकी पहुँच के बाहर भी है। अगर उन सामानों की ओर से मुँह भी मोड़ लें, तो भी खाने-पीने, पहनने-ओढ़ने के लिए उन्हें जो चाहिए, वह भी यों ही तो नहीं मिल जाएगा। आज यहाँ उपभोक्तावादी संस्कृति का बोलबाला दिखाई देता है। चीनी समाज में पैसा एक मूल्य की तरह स्थापित होता रहा है। एक स्त्री (जो पढ़ी-लिखी भी है) से इस सम्बन्ध में बातें हुईं। उसका कहना है कि अच्छा खाना-पीना तो सभी चाहते हैं। अगर मुझे किसी चीज़ की इच्छा हो, खाने-पीने, पहनने-ओढ़ने की चीज की, तो मैं उसे खरीद और पा सकूँ, इसमें कुछ विशिष्ट नहीं दीखता मुझे। विलास भोगने के लिए कुछ खरीदना या पाना हो, वह अलग बात है। मैं तो रोजमर्रा की जिन्दगी में आराम और आनन्दवाली चीज़ों का पक्षधर हूँ। जब लोग सामान्य से कुछ ऊपर वाली चीजें नहीं जुटा पाते, तभी तो एक तरह की उदासी घर करती है। नई पीढ़ी देश-दुनिया की बहुतेरी बातें जानने तथा आराम की जिन्दगी बिताने के लिए उत्सुक दिखाई देती है। एक दिन अखबार के पन्नों में चीन के 98 साल के झाङ (शंघाई) से शादी के लिए 25 और 80 साल की 11 महिलाओं ने शादी का प्रस्ताव भेजा, तो सुनी हुई बातों की पुष्टि अपने आप हो गई।

भारत की तरह चीन का इतिहास बहुत पुराना है। कहा जाता है कि चीन का इतिहास 5000 वर्ष पुराना है। चीन की संस्कृति और सभ्यता का कायल तो विश्व पहले से ही था। आज उसके आर्थिक और राजनीतिक महत्त्व को भी स्वीकार किया जा रहा है। इधर विश्व के प्रायः सभी देशों की चीन के प्रति रुचि बढ़ी है, अतः उनमें परस्पर आर्थिक, राजनीतिक और सांस्कृतिक संबंध स्थापित करने की दिशा में तेजी से प्रयास किए जा रहे हैं। कहा जा सकता है कि नए चीन की स्थापना के बाद से चीन ने हर क्षेत्र में अभूतपूर्व प्रगति की है, लेकिन प्रश्न उठता है कि इस प्रकार की प्रगति से नैतिक मूल्यों और संस्कार का भी विकास हुआ है? इसमें कुछ सन्देह नजर आता है कि कहीं-न-कहीं कुछ खामियाँ रह गई हैं, क्योंकि पिछले कुछ दशकों में परिवार में जो टूटन आई है, उसके कारण उच्च जीवन-मूल्यों के अभाव का भी संकट छाने लगा है। जब जनसाधारण व्यक्ति कमजोर वर्ग को आभास होता है कि अभिजात वर्ग बहुत-कुछ तेजी से दौलत इकट्ठा करने में लगा हुआ है और उन्हें बुनियादी जरूरतों से वंचित किया जा रहा है और वे लोग भोग-विलास में लिप्त होकर रंगीन दुनिया में समय व्यतीत कर रहे हैं। यह देखकर कि सामान्य लोगों के दुःख-दर्द की कोई चिन्ता किसी को नहीं है। ऐसी स्थिति में उनमें आक्रोश एवं अपराध की प्रवृत्ति तेजी से पनपती है। अपराध को रोकने का जो नैतिक आधार है,

वह इस तरह के समाज में टूटने लगता है। चीन में कई ऐसी घटनाएँ देखने को मिल रही हैं। हाल ही की कुछ घटनाएँ याद आ रही हैं। अपनी आवश्यकताओं की पूर्ति करने के लिए मकानों में घुसकर रुपए-पैसे तथा आकर्षक वस्तुओं को अपनी झोली में भरना, लालच में आकर आँख मूँदकर नई साइकिल आदि को उठा लेना तो आज आम बात मानी जा रही है। इन्हीं कारणों से लोग नई साइकिल खरीदने से कतराते नजर आ रहे हैं। दूसरी तरफ नई पीढ़ी के लोग अपने को खुली छूट देकर चैन की साँस लेना पसन्द करते हैं। यह समस्या तो पूरे संसार में दिखाई दे रही है। आचार्य हजारीप्रसाद द्विवेदी जी की 'नाखून क्यों बढ़ते हैं' वाली बात बरबस याद हो आई। जिस तरह निर्लज्ज नाखून को काटने पर भी वह बढ़ता ही रहता है ठीक उसी तरह मनुष्यों में छिपी पशु-प्रवृत्ति दबाए नहीं दबती, वह किसी-न-किसी रूप में प्रकट होती ही है। यही उसकी प्रकृति है, जिस तरह आवश्यकताओं ने मनुष्य को सोचने के लिए मजबूर किया है ठीक उसी तरह लालच ने मनुष्य को इक्कीसवीं सदी में भी बेहया पौधा और जलकुम्भी की तरह निर्लज्ज होने के लिए मजबूर किया है।

आज सम्पूर्ण जगत के सामने जो बड़ी-बड़ी समस्याएँ पैदा हो रही हैं, उनमें भ्रष्टाचार सबसे बड़े खतरे के रूप में पैदा हुआ है। भ्रष्टाचार के खिलाफ लोग ऊँची आवाजें तो उठाते हैं, लेकिन अमल नहीं हो रहा है। लोगों की कथनी और करनी में बहुत ही अंतर हो गया है। आज ज्यादातर लोग अवसरवादी हो गए हैं। वे अपने और अपने परिवार के बारे में अधिक सोचने लगे हैं। देश तथा समाज जाए चूल्हे भाड़ में। आज की बिगड़ती हालत को युवा चाहे तो बदल सकता है। युवाओं को अपना मार्ग-दर्शन स्वयं करना होगा। उन्हें किसी मार्ग-दर्शन की जरूरत नहीं है। सच्चाई से, ईमानदारी से, दिलेरी से और बिना स्वार्थ के कार्य करें तो सफलता अवश्य मिलेगी। क्योंकि–

युवा काल तो मादकता है, जोश होश उसमें अपार है।
क्षण में चूर-चूर हो जाता नग पाकर उसका प्रहार है।

आज 21वीं सदी में देश के लोगों को एकजुट होने की जरूरत है तभी समाज से भ्रष्टाचार, अन्याय और अन्य समस्याएँ भी दूर हो सकती हैं। मनुष्य जल्दी से हार माननेवाला तो नहीं है, इन समस्याओं से जूझने के लिए उसे एक नई दुनिया का आविष्कार करना होगा और उसमें हम सभी को मिलकर सहयोग करना है। तभी विश्व में शान्ति कायम हो सकेगी।

हिन्दी का सामाजिक परिवेश : चीन के सन्दर्भ में

भाषा की उपयोगिता के बारे में हम सभी सुपरिचित हैं। भाषा के द्वारा व्यक्ति समुचित अनुक्रिया करता है, अर्थात् मानव समाज के सारे कार्य-चालन के मूल में भाषा है। भाषा चिंतन और विश्लेषण की परम्परा अत्यंत प्राचीन है। अन्य परम्पराओं की भाँति इसका इतिहास भी अटूट शृंखला में बँधा है। इसके विकासक्रम में कई ऐसे मोड़ भी आए हैं, जो एक नए सन्दर्भ और नए आयाम के सूचक हैं।

स्पष्ट है कि भाषा मन को जोड़ने का सबसे महत्त्वपूर्ण साधन है। भाषा के समुचित प्रयोग से लोगों की दूरी समाप्त हो जाती है। भिन्न-भिन्न भाषा-भाषियों के बीच आपसी समझ विकसित होती है, इसीलिए लोग सामाजिक आवश्यकताओं की पूर्ति के लिए, आपस में विचारों का आदान-प्रदान करने के लिए भाषा का प्रयोग करते हैं।

हिन्दी की विविध भूमिकाओं के अन्तर्गत उसके कई पक्षों पर विचार किया जाता है। जहाँ तक अन्तरराष्ट्रीय सन्दर्भ में हिन्दी की भूमिका का प्रश्न है—इस पर आमतौर से एक ही पक्ष उभरकर सामने आता है और वह है कि विदेशों में जहाँ-जहाँ भी हिन्दी का अध्ययन-अध्यापन होता है, वहाँ हिन्दी किस रूप में प्रतिष्ठित है?

'हिन्दी का सामाजिक परिवेश : चीन के सन्दर्भ में' विदेशी भाषा के रूप में हिन्दी की संकल्पना को लेकर उभरता है, जहाँ इसके शैक्षिक पक्ष को उभारने का प्रयास किया गया है, वहीं इस दृष्टि से यहाँ इसे मात्र 'चीन में हिन्दी' तक सीमित किया गया है। हम जानते हैं कि कोई भी विदेशी भाषा जब सीखी जाती है तो उसका एक उद्‌देश्य उस भाषिक समाज एवं संस्कृति की जानकारी पाना भी होता है। उस भाषा में विद्यमान साहित्य का अध्ययन भी एक प्रमुख उद्‌देश्य हो सकता है। इसका अध्ययन विशिष्ट रूप से व्यावहारिक प्रयोजनों के लिए भी किया जा सकता है। यह कहना अतिशयोक्ति न होगा कि भारत की अपनी प्राचीन तथा समृद्ध परम्पराएँ,

सांस्कृतिक धरोहर, रीति-रिवाज, दार्शनिक विचार-धारा आदि हमेशा से विदेशी अध्येताओं के लिए आकर्षण के विषय रहे हैं। खासतौर पर जहाँ हिन्दी का प्रचलन नहीं है, भारत को पहचानने तथा समझने का एक मानदण्ड उसका प्राचीनतम साहित्य माना जाता है। जब हम विदेशी भाषा के रूप में हिन्दी-अध्यापन की बात अन्य देशों के सन्दर्भ में सोचते हैं, तो भाषा के साथ-साथ उसका सामाजिक परिवेश समझाना अपरिहार्य है। इस सन्दर्भ में यह उल्लेखनीय है कि हर समाज अपने में एक पूर्ण, स्वतन्त्र इकाई होता है। उस समाज की भाषा उससे हर पल प्रभावित होती रहती है तथा सामाजिक सन्दर्भ प्राप्त करती है, इसी में भाषा पनपती है, विकसित होती है, विविधमुखी बनती है और हमारे व्यवहार को नियंत्रित भी करती है। इन्हीं पक्षों को ध्यान में रखकर हिन्दी भाषा के सामाजिक परिवेश को देखने का प्रयास किया गया है क्योंकि चीन में हिन्दी-भाषा के अध्यापन के दौरान बहुत-से ऐसे सामाजिक-सांस्कृतिक पक्ष सामने आए, जहाँ सम्प्रेषणीयता में, व्यवधान आया।

वास्तव में जब हम किसी भाषा के सामाजिक परिवेश की बात करते हैं तो उसके अन्तर्गत भाषा का व्यावहारिक पक्ष आता है, जहाँ औपचारिक-अनौपचारिक शैली से लेकर दुनियादारी निभाने-जैसी अभिव्यक्तियाँ भी अपना महत्व रखती हैं, जिससे हमारा आचरण, व्यवहार आदि भी स्पष्ट होता है। मोटे तौर पर हम किसी भी भाषा का सामाजिक परिवेश एक तो उसकी सम्बोधन शब्दावली, रिश्ते-नाते की शब्दावली, शिष्टाचार एवं विनम्रता की शब्दावली तथा सर्वनाम रूपों के चयन के आधार पर आसानी से समझ सकते हैं, दूसरी ओर उस समाज में प्रयुक्त रूढ़ियों, मान्यताओं, परम्पराओं आदि के अध्ययन के आधार पर दो विभिन्न परिवेशों में विकसित भाषाएँ इन्हीं आधारों पर अपनी एक अलग दुनिया बनाती है। एक ही बात एक समाज में सामान्य व्यवहार की हो सकती है, तो दूसरे समाज में अल्प चर्चित। एक समाज में शिष्टाचार का बोधक हो सकती है, तो दूसरे में अशिष्टता का। इसी प्रकार के अन्य अनेक बिन्दु हैं, जिन्हें विदेशी भाषा-शिक्षण के रूप में अध्यापन का केन्द्र बनाकर उनके सामाजिक पक्ष को उभारा जा सकता है। जिससे उनकी सूक्ष्म बारीकियों का विश्लेषण सम्भव हो सके तथा विदेशी अध्येताओं के सामने भाषा अपने सामाजिक संदर्भों को सुस्पष्ट कर सके।

चीन में भारतीय धर्म, दर्शन, संस्कृति, साहित्य, सामाजिक व्यवस्था, इतिहास के माध्यम से भारत को जानने-पहचानने के लिए भारतीय अध्ययन की परम्परा का आरम्भ ई. पूर्व दूसरी शताब्दी में चाङ छङआन ने किया था। आगे चलकर सन् 1942 में चीन के विश्वविद्यालयों के पाठ्यक्रमों में हिन्दी के अध्ययन-अध्यापन की शुरुआत हुई। पाठ्यक्रम के विषय हैं—हिन्दी भाषा, हिन्दी साहित्य और हिन्दी भाषाविज्ञान अध्ययन की व्यवस्था। पीकिंङ विश्वविद्यालय में एम.ए. के साथ शोध कार्य सम्पन्न किया जाता है। पहले अनुवाद कार्य भी किया जाता था, जो सन्

1958-1990 में बन्द हो गया। अनुवाद कार्य में मुख्य रूप से प्रेमचन्द के साहित्य का अनुवाद उल्लेखनीय है। उनकी लगभग एक सौ कहानियाँ, उपन्यासों में गोदान, प्रेमाश्रम, गबन, रंगभूमि आदि का हिन्दी से चीनी में अनुवाद करके प्रकाशित किया गया है। ऐसा भी नहीं है कि केवल प्रेमचन्द जी की रचनाओं पर ही अनुवाद कार्य हुआ है, वरन् हिन्दी के अनेक साहित्यकार जैसे यशपाल की कुछ कहानियाँ, वृन्दावनलाल वर्मा के 'झाँसी की रानी', इलाचन्द्र जोशी के (संन्यासी) और रेणु के 'मैला आँचल' जैसे उपन्यासों का हिन्दी से चीनी में अनुवाद करके प्रकाशित भी किया गया है। चीन में लोक कथाओं तथा पौराणिक कथाओं की लोकप्रियता भी है। जैसे—प्रोफेसर हूवाङ पाओ सन् ने 'जातक' का चीनी भाषा में अनुवाद किया है। प्रो. थङरन हूँ और प्रो. ई नग्ङ यूइ (yii nong yùi) ने भारतीय लोक कथाओं का संकलन किया है। प्रो. चिन तिंग हान् ने 'रामचरित मानस' का चीनी भाषा में अनुवाद किया है और हिन्दी-चीनी व्यावहारिक शब्दकोश का निर्माण भी किया है। प्रो. लीयू अंगवू ने हिन्दी साहित्य का इतिहास चीनी भाषा में लिखा है।

हिन्दी साहित्य की अनुवादित प्रतियों की लोकप्रियता इसी से देखी जा सकती है कि एक संस्करण की 30-37 हजार प्रतियाँ प्रकाशित होती हैं, जिन्हें सभी आयु वर्ग के लोग पसन्द करते हैं। इसमें कोई संदेह नहीं है कि हिन्दी की लोकप्रियता की वृद्धि में अनुवाद कार्य का विशेष योगदान है। हिन्दी के क्षेत्र में उच्च स्तर का कार्य करने वाला पीकिंङ विश्वविद्यालय है। पीकिंङ विश्वविद्यालय में भाषा संकाय में स्नातक और स्नातकोत्तर स्तर पर हिन्दी भाषा साहित्य, भाषाविज्ञान और भारतीय जीवन और संस्कृति का शिक्षण होता है। शिक्षण के साथ-साथ साहित्यिक गतिविधियों जैसे—निबन्ध प्रतियोगिता, वाद-विवाद आदि का भी आयोजन होता है। 47 वर्ष से भी अधिक समय से हिन्दी अध्ययन-अध्यापन के होते हुए भी हिन्दी पढ़ने वालों की संख्या संतोषजनक नहीं है। इस समय स्नातक और स्नातकोत्तर स्तर पर 13 विद्यार्थी और शोध कार्य में 3 शोधार्थी लगे हुए हैं। स्नातक के प्रथम वर्ष में विद्यार्थी हिन्दी भाषा सीखना शुरू करता है और स्नातकोत्तर स्तर पर विद्यार्थी हिन्दी भाषा के साथ-साथ साहित्य, संस्कृति, दर्शन, भाषाविज्ञान आदि का भी ज्ञान प्राप्त करता है। हिन्दी का पाठ्यक्रम एशियाई देशों के संकाय के पाठ्यक्रम के समान ही है। अन्य भाषा-शिक्षण से सम्बन्धित हिन्दी सिखलाने के लिए भाषा प्रयोगशाला, दृश्य-श्रव्य सामग्री पुस्तकालय आदि की व्यवस्था है, लेकिन भारतीय संस्कृति का आदिम युग, सिंधुघाटी की सभ्यता, महाकाव्यकालीन भारतीय संस्कृति जैसे—रामायण महाकाव्य, महाभारत और पुराण आदि सामग्री उपलब्ध नहीं है।

हिन्दी अध्ययन-अध्यापन और शोध कार्यों के अतिरिक्त चीन में हिन्दी-प्रसारण

सेवा भी है। 1954 से हिन्दी प्रसारण कार्य हो रहा है। हिन्दी के लिए प्रतिदिन दो घण्टे की अवधि निर्धारित की गई है। हिन्दी के अलावा अन्य भारतीय भाषाओं में रेडियो प्रसारण भी हो रहा है जैसे—बांगला, तमिल, नेपाली, उर्दू आदि। इन भाषाओं के कार्यक्रमों का प्रसारण भारत के पड़ोसी देशों की भाषा के रूप में प्रतिदिन आधे घण्टे के लिए हो रहा है। हिन्दी-प्रसारण सेवा में कहानी, वार्ता तथा हिन्दी फिल्मों के गीत सुनाए जाते हैं। इस समय यूनान प्रदेश में विशेष केन्द्र स्थापित है और उसी केन्द्र से प्रसारण किया जाता है।

चीन की एक मात्र हिन्दी सचित्र पत्रिका है, जो भारत की राजभाषा में भारतीय जनता को चीन की जानकारियाँ देती है, साथ ही, इसमें चीन-भारत के बीच ऐतिहासिक व सांस्कृतिक आदान-प्रदान करने की रिपोर्ट दी जाती है। 'चीन सचित्र' के हिन्दी संस्करण की स्थापना नवम्बर 1957 में हुई थी। और हिन्दी संस्करण के सलाहकार के रूप में भारत से क्रमशः जानकी वल्लभ, ओ. प्र. मंत्री, जया उपाध्याय, दया उपाध्याय, श्यामशी, इश्तेयाक, अली मुजफ्फर, तनेजा, रंजीत कुमार, अजय ब्रह्मात्मज, विनोद चंदोला और सुधाकर चौबे आदि ने अपना सहयोग दिया। श्री सुधाकर चौबे के चीन से चले जाने के बाद प्रो. सी. ई. जीनी ने 'चीन सचित्र' के प्रकाशन में सक्रिय सहयोग किया है।

'चीन सचित्र' के हिन्दी संस्करण के पाठकों की संख्या भी कई हजार पहुँच गई थी और इसका वितरण भारत के अलावा नेपाल, मारिशस, कीनिया व तनजानिया समेत अनेक देशों एवं क्षेत्रों में भी होता था। 'चीन सचित्र' के हिन्दी संस्करण में चीन की जानकारियाँ देने के साथ-साथ चीन-भारत दोनों देशों की जनता के बीच मैत्रीपूर्ण आदान-प्रदान की सूचना भी दी जाती है। इस पत्रिका के विशेष स्तम्भ में 13 वें अन्तरराष्ट्रीय रामायण सम्मेलन की रिपोर्ट दी गई, जो 1996 में चीन के शनयन शहर में स्थित शनयन विश्वविद्यालय में आयोजित हुआ और बहुत सफल रहा; इसके अलावा पीचिंङ में हुए भारतीय मेले व चीन की यात्रा के दौरान भारतीय कलाकारों की प्रस्तुतियों का भी परिचय कराया जाता रहा, इन कार्यक्रमों के जरिए चीनी एवं भारतीय जनता के बीच परस्पर सौहार्द पनपा और दोनों देशों के मध्य घनिष्ठ सम्बन्ध हुए।

चीन में अध्यापन के दौरान कुछ ऐसी ही स्थितियाँ आईं जो एक समाज में आम जीवन के साथ मजबूती से जुड़ी होती हैं, किन्तु वे दूसरे समाज में मात्र कल्पना की वस्तु ही होती हैं, क्योंकि वे उस समाज में नहीं होतीं। उसे शब्दों के माध्यम से दृश्य बनाने का प्रयास करना दुष्कर हो जाता है तथा तर्क देकर सिद्ध करना उससे भी ज्यादा कठिन। हम 'हाथ धोकर' खाना क्यों खाते हैं—समझाना उतना कठिन नहीं होता, क्योंकि भारतीयों द्वारा हाथ से खाए जाने पर जो प्रतिक्रिया उस समाज में दिखाई देती है, उसे पुष्ट करने का एक यही आधार हमारे सामने है। कठिनाई तब आती है जब समझाना पड़े—नज़र लगना और नज़र उतारना, शौचादि से आने पर

हाथ-पैर पानी द्वारा साफ करना आदि। नज़र लगना, नज़र उतारना-जैसी संकल्पनाओं को लिया जा सकता है, जहाँ एक समाज में हम सुन्दर नवजात शिशु का काला टीका लगाकर उसका 'गोबर' जैसा असामान्य नामकरण करके लड़कों को लड़कियों के कपड़े पहनाकर सोचते हैं कि उसे नज़र नहीं लगेगी, तथा उसके जरा सा भी अस्वस्थ होने पर उसे डॉक्टर के पास न ले जाकर नून-मिर्च से नज़र उतारने लगते हैं। इसके विपरीत दूसरे समाज में नवजात शिशु को अच्छे से अच्छा वस्त्र पहनाकर उम्मीद की जाती है कि लोग बच्चे की तारीफ करें। बच्चे की तारीफ न करना उस समाज में अस्वाभाविक स्थिति है जब कि हमारे समाज में इसे अच्छे संदर्भ में नहीं लिया जाता।

इसी सन्दर्भ में चीनी समाज में चॉपस्टिक (Chop stick) द्वारा भोजन करना और उसी को अन्य खाद्य-पदार्थ में उसी रूप में डालना स्वाभाविक हो सकता है। मगर हमारे समाज में इस प्रकार के जूठे भोजन को खाना कल्पना के बाहर की बात है। लगभग यही स्थिति 'बासी' शब्द को लेकर आई। 'खाना बासी हो गया'—संकल्पना उस देश में कैसे उभर सकती है, जहाँ कई दिनों तक 'डीप फ्रीजर' में खाना रखा जाता है, तथा खाते समय ऑवन में गरम कर लिया जाता है। अगर उनसे कहा जाए कि "सुबह का खाना शाम को नहीं खाया जाता क्योंकि वह बासी हो जाता है"—तो वे इसे कैसे समझेंगे? 'बासी' शब्द से जुड़ी जितनी अभिव्यक्तियाँ हिन्दी में हैं, शायद संसार की किसी भाषा में नहीं। जैसे—बासी मुँह, बासी कढ़ी में उबाल आना, बासी बचे न कुत्ता खाए।

श्रीकान्त मित्तल की कहानी 'दहेज रहित शादी' पढ़ाते समय चर्चित विषय 'विवाह' की परम्परा को लेकर रहा, जिसमें विशेष रूप से—

(क) लड़का/लड़की के विवाह को माता-पिता द्वारा तय किया जाना। यहाँ स्थिति कुछ और ही है—विवाह के पहले लड़का और लड़की स्वतन्त्र रूप से एक साथ रह सकते हैं। एक साथ रहते समय अगर दोनों में कुछ अनबन होने लगती है, तो खुशी-खुशी दोनों अपना रास्ता नाप लेते हैं और अन्य दूसरों के साथ अपना सम्पर्क जोड़ सकते हैं। अगर दोनों की स्थिति ठीक चलती है तो विवाह कर लेते हैं।

(ख) मौत का सामान लेकर लड़की का ससुराल को जाना आदि। भारतीय समाज में ससुराल के घर विवाहित लड़की (बहू) की दशा दहेज के कारण दयनीय स्थिति वाली होती है। वस्तुतः जिस समाज में लड़के-लड़कियों को समान समझा जाता हो—वहाँ इस प्रकार की परिकल्पना नहीं की जा सकती। कुछ ऐसी ही स्थितियाँ जो एक समाज में आम जीवन के साथ मजबूती से जुड़ी हैं, वे दूसरे समाज में मात्र कल्पना की वस्तु ही होती हैं।

आवश्यकता है कि इन सबको एक सम्पूर्ण परिवेश में देखा जाए और एक सीमित दायरे से निकलकर उसे सहज ग्राह्य बनाया जाए, जिससे हमारे बीच आपसी समझ की भावना सहज भाव से उत्पन्न हो सके।

चीन में हिन्दी अध्ययन-अध्यापन

प्राचीन साहित्यिक व सांस्कृतिक धरोहर के देश चीन के बारे में कई मिथक प्रचलित हैं। हिन्दी भाषा के प्रसार व विकास के सम्बन्ध में माना जाता है कि चीन में हिन्दी शिक्षण की नियमित व्यवस्था (शुभारम्भ) सर्वप्रथम खुमिङ के स्कूल ऑफ ओरियण्टल लेंग्वेजेज एण्ड लिटरेचर संस्था से सन् 1942 ई. में द्वि-वर्षीय पाठ्यक्रम से प्रारम्भ हुई। हिन्दी पढ़ाने के लिए भारत से श्री कृष्ण किंकर सिंह को चीन बुलाया गया था। हिन्दी अध्ययन के लिए प्रथम दस विद्यार्थियों ने प्रवेश लिया उनमें से दो विद्यार्थी याङ रूईलिन और लीखऊ ने आगे चलकर हिन्दी विषय पर ख्याति अर्जित की और दो वर्ष तक अध्यापन कार्य करने के पश्चात् हिन्दी भाषा के विशद् ज्ञान की पिपासा बुझाने को भारत चले गए।

स्कूल ऑफ ओरियण्टल लेंग्वेजेज एण्ड लिटरेचर सन् 1945 ई. में छुङ छिङ चला आया। अतएव हिन्दी शिक्षण का केंद्र भी खुनमिङ से हटकर छुङ छिङ हो गया। यहाँ आकर हिन्दी का पाठ्यक्रम तीन वर्ष का कर दिया गया। लेकिन एक वर्ष बाद सन् 1945 ई. से सन् 1946 ई. तक का सत्र समाप्त होने पर इस अध्ययन केन्द्र का पुनः स्थान परिवर्तन हुआ। अब वह नानचिङ आ गया। नानचिङ में इस संस्थान ने 1949 ई. तक कार्य किया। इसके बाद हिन्दी की पढ़ाई पीचिंङ विश्वविद्यालय में शुरू हुई। आज चीन में पीचिंङ विश्वविद्यालय ही हिन्दी शिक्षण का एकमात्र केंद्र है। इस अनुभाग का इतिहास 50 वर्ष से भी अधिक हो गया है। पीचिंङ विश्वविद्यालय में हिन्दी पढ़ाने की शुरुआत प्रोफेसर चिन ने की थी। प्रोफेसर चिन ने मुख्यतः तीन दिशाओं में काम किया है। ये हैं—व्याकरण, पाठ्य पुस्तक निर्माण एवं अनुवाद। प्रोफेसर चिन की महत्त्वपूर्ण कृति 'हिन्दी व्याकरण' है। यह पुस्तक चीन में हिन्दी व्याकरण पर लिखी गई पहली पुस्तक है। चीनी भाषा में लिखी गई 640 पृष्ठों की इस पुस्तक में विषय के स्पष्टीकरण के लिए हिन्दी के भरपूर उदाहरण दिए गए हैं।

पीचिंङ विश्वविद्यालय के आचार्यों एवं अध्यापकगण चीनी भाषा व साहित्य

को पढ़ाने के साथ-साथ अध्ययन कार्य भी करते आए हैं और अच्छी उपलब्धियाँ भी प्राप्त की हैं। ये है—'हिन्दी चीनी शब्दकोश' जो छठे दशक में प्रकाशित हुआ था। इस शब्दकोश में लगभग 45 हजार हिन्दी शब्द हैं। विद्यार्थियों तथा हिन्दी सम्बन्धी काम करनेवालों के लिए उपयोगी हैं। आवश्यकता को देखते हुए इसके अलावा इस समय एक नया शब्दकोश तैयार किया गया है। 'बृहद् हिन्दी-चीनी शब्दकोश'। इस कोश में 90 हजार हिन्दी शब्द और बहुत से मुहावरे रखे गए हैं। यह शब्दकोश हिन्दी सीखने वाले और हिन्दी सम्बन्धी काम करने वाले चीनीवासियों के लिए मददगार साबित होगा।

पीचिंङ विश्वविद्यालय के हिन्दी विभाग में प्रवेश करने का उद्देश्य है हिन्दी सीखना। इसलिए छात्रों की पढ़ाई के लिए पाठ्य पुस्तक तैयार करना हिन्दी विभाग का महत्वपूर्ण कार्य है।

पिछली आधी शताब्दी में कई पाठ्य पुस्तकें तैयार की गई हैं, जैसे—'हिन्दी की बुनियादी पाठ्य पुस्तक' जो चार भागों में है। इस पुस्तक को पढ़कर छात्र शीघ्र ही हिन्दी के व्याकरण और बुनियादी शब्दों आदि पर अधिकार प्राप्त कर सकता है। इसके अलावा (1) हिन्दी की माध्यमिक पाठ्य पुस्तक (2) हिन्दी की उच्च पाठ्य पुस्तक (3) हिन्दी कहानी संग्रह (पाठ्य पुस्तक के रूप में) (4) हिन्दी का चीनी में अनुवाद पाठ्य पुस्तक (5) चीनी का हिन्दी में अनुवाद पाठ्य पुस्तक आदि।

पीचिंङ विश्वविद्यालय में हिन्दी विभाग में बी.ए. के प्रथम वर्ष से हिन्दी अध्ययन की व्यवस्था है और स्नातक की डिग्री प्राप्त करने के लिए चार वर्ष तक अध्ययन करना पड़ता है। साथ ही एम. ए. तथा पी-एच. डी. तक के अध्ययन की विधिवत् व्यवस्था है।

यद्यपि पीचिंङ विश्वविद्यालय में ही हिन्दी अध्ययन-अध्यापन की व्यवस्था है। लेकिन कुल मिलाकर समस्त आकलन के पश्चात् निर्विवाद रूप से कहा जा सकता है कि चीन में हिन्दी के विकास की स्थिति लगभग संतोषप्रद है और नए आयामों में विकास के अवसर बाट जोह रहे हैं। हमें आशा है चीन विश्वविद्यालय में हिन्दी की स्थिति सुदृढ़ होती जाएगी।

चीन के प्रमुख हिन्दी विद्वान्

(1) **प्रोफेसर चिन** ने चीनी भाषा में 640 पृष्ठों की 'हिन्दी व्याकरण' की एक महत्त्वपूर्ण पुस्तक लिखी है, जो हिन्दी सीखने के लिए एक अनिवार्य पुस्तक के रूप में स्वीकृति प्राप्त कर चुकी है।

प्रोफेसर चिन ने 'स्वयं हिन्दी शिक्षा' (चीनी भाषा के माध्यम से) तथा हिन्दी की अन्य पाठ्य पुस्तकें भी लिखी हैं। प्रोफेसर चिन स्वतंत्र हिन्दी लेखक के अतिरिक्त एक कुशल अनुवादक भी हैं। उन्होंने हिन्दी की कई कृतियों का हिन्दी भाषा में अनुवाद किया है। 'झाँसी की रानी', 'संन्यासी' एवं 'जहाज का पंछी' के चीनी भाषा में उनके उल्लेखनीय अनुवाद हैं।

(2) **जिन दिंग हान** चीन के प्रमुख हिन्दी विद्वान् हैं। वे एक सफल अनुवादक और कोशकार भी हैं। उन्होंने चीनी भाषा में तुलसीकृत रामचरित मानस का अनुवाद किया है। प्रेमचन्द के उपन्यास 'निर्मला' (मूल हिन्दी भाषा से) और यशपाल के 'झूठा-सच' का चीनी भाषा में अनुवाद किया है। इसी प्रकार कोशकार के रूप में चीनी-हिन्दी, हिन्दी-चीनी कोश तथा हिन्दी-चीनी मुहावरा कोश भी तैयार किए हैं। इसके अतिरिक्त वे हिन्दी की कई पाठ्य पुस्तकों के लेखक भी हैं। आपने हिन्दी रचनाओं का चीनी में ही नहीं, अपितु चीनी रचनाओं का हिन्दी में भी सफल अनुवाद किया है। आपके द्वारा लिखित (1) तुलसीदास (2) रामायण और चीन (3) राम और चीनी लोक आदि विख्यात रचनाएँ हैं। आप तुलसी साहित्य के विख्यात विद्वान् हैं। वे भारत और चीन में आयोजित किए गए अनेक अन्तरराष्ट्रीय रामायण सम्मेलनों का सभापतित्व कर चुके हैं।

पाँचवाँ विश्व हिन्दी सम्मेलन 4 अप्रैल से 8 अप्रैल 1996 तक हिन्दी निधि ट्रिनिडाड एवं तुबेगो द्वारा वेस्टइंडीज विश्वविद्यालय के कला संकाय के सहयोग से सैंट ऑगस्टीन ट्रिनिडाड में आयोजित किया गया था। इस पाँचवें हिन्दी सम्मेलन में विश्व के लगभग 33 देशों के 200 से अधिक प्रतिनिधियों ने हाथ बँटाया था। जिनमें चीन देश के प्रोफेसर जिन दिंग हान ने भी सक्रिय भूमिका निभाई थी। उस

अवसर पर विश्व के 18 प्रमुख विद्वानों को उनकी हिन्दी सेवाओं के लिए पुरस्कृत किया गया था। जो इस प्रकार है–

(1) प्रो. जिन दिंग हान	(चीन)
(2) प्रो. बारानिकोव	(रूस)
(3) प्रो. एम. के ब्रिस्की	(पोलैंड)
(4) डॉ. ओदोलेन स्मेकल	(चेक रिपब्लिक)
(5) प्रो. कास्त्रो कोमा	(जापान)
(6) प्रो. ज्योंग होली	(कोरिया)
(7) डॉ. रुपर्ट स्नेल	(इंग्लैंड)
(8) प्रो. एच. एस. आदेश	(कनाडा)
(9) श्री स्टीफन इवानोइच नालिवायको	(उक्रेन)
(10) डॉ. अभिमन्यु अनत	(मॉरीशस)
(11) डॉ. ज्ञान हंसदेव अधीन	(सूरीनाम)
(12) डॉ. रामदयाल राकेश	(नेपाल)
(13) डॉ. रामभज सीताराम	(दक्षिण अफ्रीका)
(14) डॉ. नगेंद्र	
(15) डॉ. नामवर सिंह	
(16) डॉ. लोकेश चंद्र	भारत
(17) डॉ. विद्यानिवास मिश्र	
(18) डॉ. रामचंद्र देव	

साहित्य अमृत, अंक-II, जून 1996, सम्पादक : विद्यानिवास मिश्र।

जिन दिंग हान-ही प्रो. चिङ डिङ हन जान को इस रूप में भी लिखा जाता है। डॉ. जिन दिंग हान इससे पूर्व सन् 1990 में चीन-भारत मैत्री पुरस्कार से सम्मानित किए जा चुके थे। और इसके उपरान्त सन् 1996 में विश्व हिन्दी भाषा और साहित्य सम्मान तथा सन् 2000 में केंद्रीय हिन्दी संस्थान, आगरा द्वारा डॉ. जॉर्ज ग्रियर्सन पुरस्कार से सम्मानित हो चुके हैं। आप विश्व तुलसी सम्मान से भी विभूषित किए जा चुके हैं। वर्तमान में आप सोशियल साइंसेस अकाडेमी ऑफ चाइना के अध्येता तथा चाइनिस फेडेरेशन ऑफ साउथ एशियन स्टडीज के निदेशक पद पर सुशोभित हैं।

हिन्दी साहित्य का चीनी में अनुवाद–मुंशी प्रेमचन्द की जिन रचनाओं का चीनी में अनुवाद हो चुका है उनका उल्लेख इस प्रकार है–उपन्यास–गोदान, रंगभूमि, प्रेमाश्रम, गबन। चीन में हिन्दी साहित्य की रचनाओं का अनुवाद कार्य सबसे पहले सन् 1957 से शुरू हुआ। सबसे पहली अनूदित रचना 'प्रेमचन्द की कहानियों का संकलन' थी। इसमें कुल 20 कहानियाँ थीं। जिनमें से 8 कहानियों को मूल हिन्दी

से और शेष 12 कहानियों को अंग्रेजी से अनूदित किया गया था। जो इस प्रकार हैं—सवा सेरा गेहूँ, ठाकुर का कुआँ, शतरंज के खिलाड़ी, ईदगाह, दो बैलों की कथा, बड़े भाई साहब, बलिदान, सती, कफन। इसके उपरान्त अन्य रचनाओं को भी चीनी भाषा में अनूदित कर प्रकाशित कराया गया। इनमें मुख्य रूप से उल्लेखनीय रचनाएँ हैं—प्रेमचन्द के उपन्यास 'गोदान' एवं 'निर्मला', राहुल सांकृत्यायन की रचना 'वोल्गा से गंगा' और जैनेन्द्र कुमार का उपन्यास 'त्याग पत्र'। इनमें केवल प्रेमचन्द के उपन्यास निर्मला का अनुवाद मूल हिन्दी भाषा से प्रो. चिन तिङ हान द्वारा किया गया था। शेष सबका चीनी अनुवाद उन रचनाओं के अंग्रेजी पाठ से किया गया।

अब तक प्रेमचन्द, यशपाल, जैनेन्द्र तथा महापंडित राहुल सांकृत्यायन के अतिरिक्त सूर्यकान्त त्रिपाठी 'निराला', वृन्दवनलाल वर्मा, सुदर्शन, 'अश्क', 'उग्र' आदि साहित्यकारों की प्रमुख कृतियों का चीनी अनुवाद मूल हिन्दी भाषा से हो चुके हैं। भक्तिकालीन कवियों में तुलसीदास के 'रामचरित मानस' के अतिरिक्त, कबीरदास और सूरदास की रचनाओं के पद्यानुवाद हो चुके हैं।

(3) **प्रोफेसर ची. श्येनलिन** (प्रो. जी. जियालिन) इस नाम से भी जाने जाते हैं—पेचिंग विश्वविद्यालय में पूर्वी भाषा अध्ययन विभाग के संस्थापक एवं विभागाध्यक्ष हैं। आपने चीन में संस्कृत, पालि और हिन्दी भाषा के अध्ययन-अध्यापन को जीवनदान दिया है साथ ही साथ इस परम्परा को अधिक विकसित करने में उल्लेखनीय योगदान दिया है। प्रो. ची. भारतीय संस्कृत, भारतीय इतिहास और भारत-चीन सम्बन्धों के सफल अध्यापक और शोध कर्त्ता रहे हैं। उन्हीं के सतत प्रयासों और योजनाओं के परिणामस्वरूप संस्कृत, पालि, हिन्दी और अन्य भारतीय भाषाएँ चीन में लोकप्रियता प्राप्त कर रही हैं। (नोट—पेचिंग को चीन में पेकिंग और नीजिंग के नाम से भी जाना जाता है।)

यद्यपि प्रो. जी. जियालिन बेजिंग विश्वविद्यालय से पर्याप्त समय पहले अवकाश प्राप्त कर चुके हैं, फिर भी वे बौद्धिक थकान का अनुभव नहीं करते। 90 वर्ष की आयु में भी वे अपने देश में बौद्ध धर्म का इतिहास लिखने में व्यस्त हैं। 90 वर्षीय प्रो. जी. जियालिन चीन के भारतविद् और महान् भाषाविद् हैं। इन्होंने रामायण, महाकवि कालिदास के 'अभिज्ञान शाकुन्तलम्' तथा अन्य भारतीय धर्म ग्रन्थों का संस्कृत से चीनी भाषा में अनुवाद किया है। साथ ही उनकी इस कार्य से रिटायर होने की अभी कोई योजना नहीं है। अगस्त 2001 के प्रारम्भ में प्रो. जी. जियालिन ने कई मूल्यवान तैल चित्रों, पाण्डुलिपियों और पुस्तकों को बेजिंग विश्वविद्यालय के पुस्तकालय को दान में दे दिया, जिनका उन्होंने कई वर्षों तक संग्रह किया था। प्रो. जी. जियालिन भारत-चीन सम्बन्धों के घटनाक्रम के प्रति बहुत सजग हैं और 21वीं सदी में भारत-चीन के बीच घनिष्ठ सहयोग के कट्टर समर्थक हैं।

चीन देश के इस भारतविद् का कहना है कि भारत और चीन सबसे बड़े

विकासशील देश हैं। विश्व में शान्ति एवं स्थायित्व सुनिश्चित करने में इन दोनों देशों की महत्त्वपूर्ण भूमिका हो सकती है। अतः हमें एक-दूसरे को भली प्रकार समझना चाहिए। इसके अतिरिक्त और कोई विकल्प नहीं हो सकता। प्रो. जी. जियालिन ने कई बार भारत की यात्राएँ की हैं। वे अन्तिम बार सन् 1979 में भारतवर्ष आए थे। आपकी सुदृढ़ धारणा है कि दोनों देशों के परस्पर सम्बन्धों में सुधार और एक-दूसरे की समृद्ध संस्कृति और सभ्यता को आत्मसात करने के लिए व्यक्ति से व्यक्ति के संबंधों को ज्यादा से ज्यादा बढ़ावा देना चाहिए।

प्रो. जी जियालिन वर्तमान में चीन के उत्तर-पश्चिमी सीमावर्ती प्रान्त झिनजियांग में बौद्ध धर्म के इतिहास पर कार्य कर रहे हैं। उनका यह कार्य चीन में बौद्ध धर्म के इतिहास पर 14 ग्रन्थों के कार्यों की योजना का एक भाग होगा। यह जब भी प्रकाशित होगा चीन में बौद्ध धर्म का एक दुर्लभ ऐतिहासिक ग्रन्थ होगा।

(4) सुन पाओ काङ—चीन निवासी सुन पाओ काङ हिन्दी भाषा के विद्वानों में अपना प्रमुख स्थान बना चुके हैं। आप कई हिन्दी कहानियों और उपन्यासों का चीनी भाषा में सफल अनुवाद कर चुके हैं। सुन पाओ काङ महोदय चाइना रेडियो इण्टरनेशनल में गत शताब्दी के अन्तिम दशक में प्रोफेसर के पद पर कार्यरत थे।

(5) श्रीमती सू. इन. हुआन—लगभग 64 वर्षीय चीनी विदुषी ने पेकिंग विश्वविद्यालय में 5 वर्ष तक हिन्दी का अध्ययन किया। तदुपरान्त केन्द्रीय हिन्दी संस्थान, नई दिल्ली में दो साल तक हिन्दी का गहन अध्ययन किया। चीन निवासी इस हिन्दी विदुषी ने 'प्रेमचन्द के उपन्यास में भारतीय नारी' पर लेख लिखा है। इन्होंने चीनी-अंग्रेजी-हिन्दी के पृथक्-पृथक् शब्दकोश भी तैयार किए हैं। आप मुख्य रूप से अनुवादिका हैं। चीनी लोक कथा का हिन्दी में आप अनुवाद कर चुकी हैं।

(6) ली जाऊ छान—आप पीचिंङ विश्वविद्यालय से हिन्दी स्नातक हैं। चीन में हिन्दी के जिन कर्मठ सेवियों का उल्लेख किया जाता है, उन हिन्दी सेवी व्यक्तित्वों में आपका महत्त्वपूर्ण एवं उल्लेखनीय स्थान है। चीन में हिन्दी भाषा और साहित्य पर कहाँ कितना कार्य हुआ है एवं हो रहा है, इस सब की आपको विशेष जानकारी है। 'भारतीय सांस्कृतिक सम्बन्ध परिषद्, नई दिल्ली', की देख-रेख में गगनांचल (त्रैमासिक) प्रकाशित होने वाली पत्रिका में भी इस सम्बन्ध में आपके लेख प्रकाशित होते रहते हैं।

(7) डॉ. जियांग जिङकुई—बेजिंग विश्वविद्यालय के विदेशी भाषा संस्थान में हिन्दी विभाग के अध्यक्ष डॉ. जियांग जिङकुई, हिन्दी के प्रतिष्ठित लेखक एवं आलोचक हैं। 14 अप्रैल 1967 में जन्मे डॉ. जियांग जिङकुई ने 35 वर्ष की आयु में ही 4 पुस्तकें और 30 से अधिक शोध-पत्र प्रस्तुत किए हैं। इन्होंने 1990 में बेजिंग विश्वविद्यालय से बी. ए. की उपाधि प्राप्त की। इसके बाद उसी वर्ष केन्द्रीय हिन्दी संस्थान के दिल्ली केन्द्र से उच्चस्तरीय हिन्दी डिप्लोमा के पाठ्यक्रम को

सफलतापूर्वक उत्तीर्ण किया। 1993 में बेजिंग विश्वविद्यालय से हिन्दी में एम. ए. करने के बाद 1996 में पी-एच. डी. की उपाधि भी प्राप्त की। डेढ़ वर्ष तक सामान्य नौकरी करने के बाद लगभग दस वर्षों तक ये बेजिंग विश्वविद्यालय के प्राच्य विद्या संकाय में व्याख्याता एवं कनिष्ठ डीन पद पर कार्यरत रहे। इनकी पुस्तकों के नाम इस प्रकार हैं–

1. विश्व की सभ्यताएँ
2. विश्व की 300 आधुनिक कविताएँ
3. स्वतंत्रतापूर्व हिन्दी नाटकों का इतिहास
4. प्राच्य साहित्य की साहित्यिक कथाएँ

इसके अतिरिक्त नाटक साहित्य पर इनके कई महत्त्वपूर्ण लेख प्रकाशित हो चुके हैं।

प्रो. थाङ रन् हू का संक्षिप्त जीवन-परिचय एवं उनका लेख

प्रो. थाङ रन् हू का जन्म 1950 में सछ्वान प्रान्त के एक गाँव में हुआ था। उनके माता-पिता किसान थे, और उनके कई भाई व बहनें हैं, वे सबसे छोटे थे। हाई स्कूल पास होने के बाद, वे 1970 में विश्वविद्यालय में दाखिल होकर हिन्दी सीखने लगे। वे यहाँ चार साल हिन्दी पढ़ते रहे। श्रेष्ठ स्नातक होने के नाते उनकी नियुक्ति पीचिंङ विश्वविद्यालय में अध्यापक के रूप में हुई। एक साल के बाद, यानि सितम्बर 1975 में उनको हिन्दी का स्तर ऊँचा करने के लिए पाकिस्तान भेजा गया। वे पाकिस्तान के आधुनिक भाषा कॉलेज में हिन्दी पढ़ते रहे। दो साल के बाद वे पीचिंङ विश्वविद्यालय में वापस आकर फिर अध्यापन करने लगे। सितम्बर 1989 में उनको भारत में जाकर अध्ययन करने का मौका मिला। भारत में जाकर उन्होंने पहले दिल्ली के केन्द्रीय हिन्दी संस्थान में अध्ययन किया और बाद में जवाहरलाल नेहरू यूनिवर्सिटी में छः माह अध्ययन किया। 1989 में वे पीचिंङ विश्वविद्यालय में वापस आए। पिछले 25 वर्षों में उन्होंने हिन्दी, भारत की आम स्थिति और भारतीय संस्कृति आदि पढ़ाने के साथ काफी हिन्दी लोक-कथाओं, कहानियों और ठाकुर के दो उपन्यासों का हिन्दी से चीनी में अनुवाद किया है। स्वयं दो पाठ्य पुस्तकें तैयार कीं और एक अन्य विद्वान् के साथ दो पाठ्य पुस्तकें तैयार कीं। दस से अधिक शोधलेख प्रकाशित किए, और छह शब्दकोशों के लिए भी लिखा है। 1992 से अगस्त 1999 तक वे हिन्दी भाषा व साहित्य अनुभाग के अध्यक्ष रहे, और इसी महीने में उनकी नियुक्ति पूर्वी भाषा विभाग के अध्यक्ष के रूप में की गई है। अब वे पीचिंङ विश्वविद्यालय के हिन्दी भाषा व साहित्य अनुभाग के सीनियर प्रोफेसर हैं।

पीचिंङ विश्वविद्यालय में हिन्दी भाषा व साहित्य का अध्ययन

पीचिंङ विश्वविद्यालय में हिन्दी भाषा व साहित्य अनुभाग की स्थापना सन् 1949 ई. में हुई थी, अब तक इस अनुभाग का इतिहास 50 वर्ष का हो गया है। पिछले 50 वर्षों में लगभग पन्द्रह अध्यापकों व अध्यापिकाओं ने इस अनुभाग में अध्यापन व अध्ययन किया है। अब इस अनुभाग में तीन अध्यापक और दो अध्यापिकाएँ हैं। आजकल इस अनुभाग के अध्यक्ष डॉ. चाङचिङ ख्वी हैं।

हिन्दी भाषा व साहित्य अनुभाग के प्रोफेसर व अध्यापक पिछले 50 वर्षों में हिन्दी भाषा व साहित्य पढ़ाने के साथ-साथ अध्ययन करने की कोशिश भी करते आए हैं, और काफी उपलब्धियाँ प्राप्त कर चुके हैं। सबसे पहली उल्लेखनीय उपलब्धि है 'हिन्दी-चीनी शब्दकोश' जो छठे दशक के शुरू में प्रकाशित हुआ था। इस शब्दकोश में लगभग 45 हज़ार हिन्दी शब्द हैं। हालाँकि यह शब्दकोश बड़ा नहीं है, लेकिन विद्यार्थियों व हिन्दी सम्बन्धी काम करने वालों के लिए बहुत उपयोगी है। इस शब्दकोश की कमी को ध्यान में रखते हुए इस अनुभाग के प्रोफेसरों ने एक नया शब्दकोश तैयार किया है, जिसका शीर्षक है 'बृहद् हिन्दी-चीनी शब्दकोश', इस शब्दकोश में लगभग 90 हजार हिन्दी शब्द और बहुत से मुहावरे रखे गए हैं। यह शब्दकोश सन् 2000 ई. में पाठकों के सामने आ जाएगा। यह बड़ी खुशी की बात है, क्योंकि सन् 2000 ई. बहुत महत्त्वपूर्ण वर्ष है, यह नई शताब्दी का पहला वर्ष होगा, और नए हज़ार वर्ष का पहला वर्ष है, सारे संसार के लोग इस वर्ष के आने का इंतज़ार कर रहे हैं, और नए वर्ष के आने की खुशी मनाने की तैयारी कर रहे हैं। मुझे विश्वास है कि यह शब्दकोश हिन्दी सीखने वाले और हिन्दी सम्बन्धी काम करने वाले चीनियों के लिए बड़ा मददगार होगा।

प्रोफेसर इङ हुङ्च्वान, जो रिटायर हो गए हैं, हिन्दी भाषा व साहित्य अनुभाग का सूत्रपात करने वालों में से एक हैं। वे मुख्य रूप से हिन्दी व्याकरण और हिन्दी शब्दों का अध्ययन करते हैं। उन्होंने चीनी और हिन्दी दोनों भाषाओं को मिलाकर 'हिन्दी व्याकरण' नामक मोटी पुस्तक लिखी है, और प्रकाशित करवाई है। यह पुस्तक हिन्दी पढ़ने वाले चीनी विद्यार्थियों के लिए बहुत उपयोगी है। प्रो. जिन दिङ हान, जो रिटायर हो गए हैं, ने भी हिन्दी भाषा खासकर हिन्दी मुहावरों का अध्ययन करने में बड़ी शक्ति लगाई है। उन्होंने 'हिन्दी-चीनी मुहावरा कोश' बनाया है। इसके अलावा उन्होंने 'रामचरितमानस' का अनुवाद हिन्दी से चीनी में किया है।

विश्वविद्यालय ऐसा संस्थान है जहाँ विद्यार्थी लोग आकर ज्ञान प्राप्त करते हैं। विद्यार्थियों के हिन्दी अनुभाग में प्रवेश करने का उद्देश्य है—हिन्दी सीखना। इसलिए विद्यार्थियों की पढ़ाई के लिए पाठ्य-पुस्तक तैयार करना हिन्दी अनुभाग के प्रोफेसरों एवं अध्यापकों का महत्त्वपूर्ण कार्य है। उन्होंने पिछली आधी शताब्दी में बहुत पाठ्य पुस्तकें तैयार की हैं, जैसे 'हिन्दी की बुनियादी पाठ्य पुस्तक' जो चार

भागों में है, और जो प्रोफेसर जिन दिङ हान, प्रो. थाङ रनू हू और प्रो. मा मुकाङ आदि के द्वारा तैयार की गई है। यह पाठ्य पुस्तक पहली 'बुनियादी पाठ्य पुस्तकों' की कमियों व अच्छाइयों को ध्यान में रखते हुए तैयार की गई है, इसलिए यह अच्छी पाठ्य-पुस्तक है जिसे पढ़कर विद्यार्थी जल्दी से हिन्दी के व्याकरण व बुनियादी शब्दों आदि पर अधिकार कर सकते हैं और आगे चलकर हिन्दी में अच्छी तरह अधिकार कर पाएँगे। इसके अलावा 'हिन्दी की माध्यमिक पाठ्य-पुस्तक,' 'हिन्दी की उच्च पाठ्य पुस्तक', पाठ्य-पुस्तक के रूप में 'हिन्दी कहानी-संग्रह', 'हिन्दी का चीनी में अनुवाद पाठ्य-पुस्तक' और 'चीनी का हिन्दी में अनुवाद पाठ्य-पुस्तक' आदि आदि पाठ्य-पुस्तकें तैयार की गई हैं।

हिन्दी साहित्य का लगभग एक हज़ार वर्ष का इतिहास है, और हिन्दी साहित्य के अनेक प्रसिद्ध कवि, नाटककार, उपन्यासकार व कहानीकार हैं। इसलिए हिन्दी साहित्य का अध्ययन करना भी महत्त्वपूर्ण कार्य है। प्रो. ल्यू आन वू, जिन्होंने भारत में चार साल हिन्दी और हिन्दी साहित्य पढ़ा था, दसियों वर्षों तक हिन्दी साहित्य का अध्ययन करते रहे हैं। उन्होंने 'भारतीय हिन्दी साहित्य का इतिहास', 'प्रेमचन्द और उनके उपन्यास व कहानियाँ' आदि पुस्तकें तथा बहुत शोध लेख आदि लिखे हैं। प्रो. थाङ रनू हू हिन्दी भाषा का अध्ययन करने के साथ-साथ हिन्दी साहित्य का भी अध्ययन करते रहे हैं। दस से अधिक शोधलेख तथा 'पूर्वी साहित्य इतिहास' में हिन्दी साहित्य के बारे में भी कुछ-न-कुछ लिख रहे हैं। असोशिएट प्रो. चाङ चिङ ख्वी ने पी-एच.डी. करते समय हिन्दी नाटक व एकांकी का अध्ययन किया, और 'हिन्दी नाटक व एकांकी का इतिहास' लिखा है।

हिन्दी साहित्य की कुछ बहुत अच्छी रचनाएँ हैं। चीनी पाठकों से उन रचनाओं का परिचय कराना भी हमारा काम है। पीचिंङ विश्वविद्यालय के हिन्दी भाषा के प्रोफ़ेसरों व अध्यापकों ने अनेक हिन्दी उपन्यासों और बहुत-सी हिन्दी कहानियों का हिन्दी से चीनी में अनुवाद किया है, जैसे 'प्रेमचन्द की चुनी हुई कहानियों का संग्रह' का अनुवाद, 'प्रेमचन्द के साहित्य सम्बन्धी लेखों' का अनुवाद, प्रेमचन्द के 'रंगभूमि' व 'प्रेमाश्रम' का अनुवाद, वृन्दावनलाल वर्मा के उपन्यास 'झांसी की रानी' का अनुवाद आदि। इसके अलावा हिन्दी के माध्यम से भारत की दूसरी भाषाओं की कुछ प्रसिद्ध रचनाओं का भी चीनी में अनुवाद किया है, जैसे—प्रोफेसर थाङ रनू हू ने हिन्दी के माध्यम से रवीन्द्रनाथ ठाकुर के 'गोरा' का चीनी में अनुवाद किया है। कुछ ही शब्दों में कहा जाए तो पीचिंङ विश्वविद्यालय के हिन्दी अनुवाग के प्रोफेसरों व अध्यापकों ने हिन्दी भाषा व हिन्दी साहित्य का अध्ययन करने में बहुत परिश्रम किया है। उन्होंने अपनी मेहनत से हिन्दी के प्रसार के लिए बहुत बड़ा योगदान किया है।

भारत सरकार की भारतीय सांस्कृतिक सम्बन्ध परिषद् (I.C.C.R.) की ओर

से समय-समय पर हिन्दी विद्वानों को पीचिंङ विश्वविद्यालय, बेइजिङ चीन में प्रतिनियुक्त किया जाता रहा है। इस समय डॉ. प्रो. सी. ई. जीनी को पीचिंङ विश्वविद्यालय में प्रतिनियुक्त किया गया है। इनका सहयोग एवं सुझाव हमें बराबर प्राप्त हो रहा है। हमें आशा है, इनके दिग्दर्शन में चीनीवासियों को हिन्दी सीखने में एक नया मोड़ मिलेगा और हिन्दी का प्रचार-प्रसार और जोरों पर होगा।

दिनांक 23.8.1999

प्रो. थाङ रन् हू
पूर्वी भाषा विभागाध्यक्ष
पीचिंङ विश्वविद्यालय, बेइजिङ चीन

इसके अतिरिक्त नाटक साहित्य पर इनके कई महत्त्वपूर्ण लेख प्रकाशित हो चुके हैं।

प्रो. मंकांग (चीन)—चीन के पड़ोसी देश के रूप में भारत को जानने की इच्छा ने उनके मन में भारतीय संस्कृति एवं भाषाओं के प्रति आकर्षण जगाया। यही कारण है कि अपनी स्नातक परीक्षा के लिए उन्होंने हिन्दी को मुख्य विषय के रूप में चुना। उनकी यह मान्यता है कि हिन्दी के अध्ययन के बिना भारत को समझना असम्भव है।

प्रो. मंकांग ने भारतीय अध्यापकों तथा रेडियो कार्यक्रम से अपने हिन्दी उच्चारण को शुद्ध तथा हिन्दी ज्ञान को समृद्ध किया। उन्होंने 1955-56 में हिन्दी व्याकरण पर शोध कार्य भी किया। आपको जयशंकर प्रसाद की रचनाओं ने काफी प्रभावित किया क्योंकि उनकी रचनाओं में तत्कालीन भारत की छवि का दर्शन होता है। प्रो. मंकांग ने चीन में हिन्दी पढ़ने वाले विद्यार्थियों के लिए दो पाठ्य पुस्तकें लिखी हैं तथा पेइचिंग विश्वविद्यालय से प्रकाशित हिन्दी-चीनी शब्दकोश के सम्पादन में भी सहयोग दिया। उन्होंने प्रेमचन्द और वृन्दावनलाल वर्मा के उपन्यासों का अनुवाद भी किया है। प्रो. मंकांग चीन में हिन्दी के मौन साधक माने जाते हैं। उन्होंने न सिर्फ साहित्य और अनुवाद के द्वारा हिन्दी का प्रचार-प्रसार किया बल्कि भाषा व्याकरण एवं उच्चारण पर जोर देकर चीन में मानक हिन्दी के प्रचार-प्रसार में सक्रिय योगदान किया है।

प्रो. ल्यू को नान (चीन)—चीन में 22 सितम्बर 1931 को जन्मे ल्यू को नान भारत को चीन के पश्चिम में स्थित धरती का स्वर्ग मानते हैं। पीचिंङ विश्वविद्यालय के प्रोफेसर लिन से प्रेरणा प्राप्त करके उन्होंने हिन्दी सीखना शुरू कर दिया क्योंकि लिन का विचार था कि भारत को समझने के लिए भारत की राज भाषा हिन्दी को समझना आवश्यक है। सन् 1951 से 1954 तक पीचिंङ में हिन्दी की शिक्षा प्राप्त करने के बाद उन्होंने दिल्ली विश्वविद्यालय के हंसराज कॉलेज में हिन्दी का अध्ययन किया। इन्होंने काशी हिन्दू विश्वविद्यालय में हिन्दी की विधिवत् शिक्षा प्राप्त की। भारत में हिन्दी भाषा और साहित्य का विधिवत् अध्ययन करने के बाद वे स्वदेश

लौटे और 1958 से 1980 तक पीचिंङ विश्वविद्यालय के पूर्वी भाषा विभाग में हिन्दी अध्यापन कार्य करते रहे। उन्होंने हिन्दी साहित्य एवं भारत विद्या पर शोध करनेवाले अनेक विद्वानों को शोध कार्य करने के लिए प्रेरित किया। उन्हीं के प्रयासों से चीन में हिन्दी में एम.ए. और पी-एच.डी. तक की पढ़ाई आरम्भ हुई। 1976 में प्रो. नान के सम्पादन में हिन्दी-चीनी शब्दकोश तैयार हुआ और 1983 में उन्होंने चीनी भाषा में हिन्दी पाठ्य पुस्तक की रचना की। उनकी अन्य प्रमुख कृतियों में भारत की लोक कथाएँ, भारतीय पौराणिक कथाएँ, भारत के विभिन्न प्रदेशों का इतिहास और संस्कृतियाँ प्रसिद्ध हैं। 28 नवम्बर, 1987 को भारत यात्रा के दौरान बनारस में उनका स्वर्गवास हो गया।

हिन्दी फिल्मों के चीनी अनुवादक वाङचिनफुङ

चीन के अन्तरराष्ट्रीय रेडियो में कार्यरत श्री वाङचिनफुङ हिन्दी फिल्मों के विख्यात चीनी-अनुवादक हैं। आपके पिता व्यापारी थे और माता अध्यापिका थीं। पिताजी अपने व्यापार के सिलसिले में प्रायः भारत आया करते थे। इस कारण श्री वाङचिनफुङ को बचपन में ही हिन्दुस्तान की यात्रा करने का अवसर मिला। इस अन्तराल में आपने दिल्ली के सेंट अनथोनी स्कूल से स्कूली शिक्षा की छह कक्षाएँ उत्तीर्ण की थीं। तदोपरान्त श्री वाङ के पिताजी चीन वापस चले गए। फलस्वरूप श्री वाङ को भी चीन लौटना पड़ा। अपने पिता के साथ पीचिंङ में रहते हुए उन्हें चीन में पढ़ने का सुअवसर प्राप्त हुआ। श्री वाङ चीन के अन्तरराष्ट्रीय रेडियो में अनुवादक के रूप में कार्यरत हैं। वे विभागीय कार्य सम्पन्न करने के बाद बचे हुए समय में भी अनुवाद कार्य ही करते रहते थे। उन्होंने एक साक्षात्कार में श्री ओम प्रकाश सिंघल (जो कि चीन में अध्ययन-अध्यापन कार्य करते थे और चीन की कला साहित्य और संस्कृति के अध्ययन में गहरी रुचि रखते थे) के समक्ष स्वीकार करते हुए कहा—"मेरा लक्ष्य चीन की आम जनता को भारतीय जीवन के विविध पक्षों से परिचित कराना है। मैं समझता हूँ कि फिल्मों के माध्यम से इस लक्ष्य को सरलता से प्राप्त किया जा सकता है। अतएव मैंने अपनी पूरी शक्ति भारत की हिन्दी फिल्मों के चीनी भाषान्तरण में लगाई है। मैं अब तक 15 हिन्दी फिल्मों को चीनी भाषा में प्रस्तुत कर चुका हूँ। आपको यह जानकर प्रसन्नता होगी कि चीनी जनता ने उन्हें काफी पसन्द किया है।"

एक भाषा से दूसरी भाषा में अनुवाद के महत्त्व "तलवार की धार में धावनौ है" के समकक्ष रखते हुए उन्होंने बताया—"अनुवाद का काम न केवल बहुत मेहनत माँगता है, अपितु सावधानी बरतने की भी अपेक्षा रखता है। ज़रा-सी भूल से दो देशों के बीच गलतफहमी जन्म ले सकती है। दूसरे देश के साथ हमारे देश के सम्बन्ध

खराब होने की स्थिति पैदा हो सकती है; इसलिए हमारे यहाँ अनुवाद का काम उन व्यक्तियों को सौंपा जाता है जो इन खतरों से पूरी तरह परिचित रहते हैं।''

श्री वाङ ने फिल्मों के एक भाषा से दूसरी भाषा में अनुवाद करने की प्रक्रिया पर भी प्रकाश डाला था। हिन्दी फिल्मों का चीनी भाषा में अनुवाद करने की प्रक्रिया को सातत्य प्रदान करते हुए श्री वाङ ने बताया, चीन में जब किसी विदेशी फिल्म को भाषान्तरित किया जाता है, तब परदे पर अभिनेताओं द्वारा बोले गए संवादों के चीनी अनुवाद की पट्टी नहीं लगाई जाती, बल्कि अभिनेताओं को चीनी भाषा में बोलते हुए दिखाया जाता है। ऐसी स्थिति में अनुवादक को बड़ी मेहनत करनी पड़ती है। उसे इस बात का ध्यान रखना पड़ता है कि अभिनेता ने किसी संवाद को बोलते समय जितना समय लिया है उतने ही समय में बोले जानेवाले ऐसे चीनी शब्दों का प्रयोग किया जाए, जिससे समूचा भाव प्रभावी रूप से व्यक्त हो सके। इस प्रकार फिल्मों का अनुवाद करनेवाले चीनी-अनुवादक को लक्ष्य भाषा में स्रोत भाषा के अनुरूप समतुल्य तथा सटीक पर्याय ही नहीं खोजने होते हैं, अपितु यह ध्यान भी रखना पड़ता है कि उनके उच्चारण में उतना ही समय लगे जितना समय अभिनेता ने स्रोत भाषा के संवाद बोलते समय लिया था।

उक्त तथ्यगत सत्य का समर्थन करते हुए चीन में अध्ययन-अध्यापन कर चुके श्री ओमप्रकाश सिंघल ने लिखा है–श्री वाङ की बात बिल्कुल सटीक थी। चीन में रहते हुए मैं 'आवारा', 'हाथी मेरे साथी', आदि कई हिन्दी फिल्मों के चीनी रूपान्तर देख चुका था और मैं राजकपूर, नर्गिस आदि को धाराप्रवाह चीनी बोलते हुए देख चुका था, लेकिन इन फिल्मों के गाने चीनी भाषा में न होकर स्रोत भाषा हिन्दी में ही थे। हिन्दी फिल्मों के चीनी रूपान्तरण में गाने स्रोत भाषा हिन्दी में ही देखकर श्री ओमप्रकाश सिंघल ने श्री वाङ से प्रश्न किया था–''आप लोग गानों का अनुवाद क्यों नहीं किया करते?'' इस प्रश्न के उत्तर में श्री वाङ ने कहा था–''आप जानते हैं कि कविता का अनुवाद करना एक कठिन काम है। उसमें भी गानों का अनुवाद करना और भी ज्यादा कठिन है, इसलिए बहुत-से चीनी अनुवादक गानों को मूल रूप अर्थात् स्रोत भाषा में ही रहने देते हैं; लेकिन जहाँ तक मेरा सवाल है, मैं गानों का भी अनुवाद करता हूँ। शायद आपने मेरे द्वारा अनूदित हुई फिल्में नहीं देखीं।'' इस क्रम को आगे बढ़ाते हुए श्री वाङ ने बताया–''अब तक मैंने 'खेल, उत्तर-दक्षिण, गंगा-जमुना, घायल, इम्तहान, लाडला' नाम की हिन्दी फिल्मों के चीनी भाषान्तरण किए हैं। यदि आप ये सारी अथवा इनमें से एक भी फिल्म देखेंगे तो पाएँगे कि इन सभी के गाने चीनी भाषा में अनूदित हैं।''

श्री वाङ के अनुसार भारतीय फिल्में सम्पूर्ण चीन में चाव से देखी जाती हैं। पीचिंङवासी हिन्दी फिल्मों को खूब पसन्द करते हैं, लेकिन दक्षिण चीन में भारतीय फिल्में सर्वाधिक पसन्द की जाती हैं। चीन के जिन अंचलों में भारतीय हिन्दी फिल्में विशेष रूप से पसन्द की जाती हैं वे हैं–क्वांशी, स्वेइयो, सछवान, शिनच्याङ, युनान, भीतरी मंगोलिया में हो होत तथा तिब्बत। चीन के निवासी भारतीय फिल्मों को सिनेमाघरों में तथा वीडियो पर समान रूप से समान रुचि के साथ देखा करते हैं।

हिन्दी दिवस 1999 : रिपोर्ट

14 सितम्बर 1949 को हिन्दी को संघ की राजभाषा के रूप में स्वीकार किया गया था इसलिए प्रतिवर्ष 14 सितंबर 'हिन्दी दिवस' के रूप में मनाया जाता है।

यह पहला अवसर है कि 'हिन्दी दिवस' के अवसर पर पेकिङ विश्वविद्यालय के हिन्दी विभाग ने हिन्दी में वाद-विवाद प्रतियोगिता का आयोजन किया है। वाद-विवाद का विषय था 'आधुनिक युग में स्त्री और पुरुष का दर्जा बराबर है'। इस प्रतियोगिता में बी.ए. (हिन्दी) चतुर्थ वर्ष के विद्यार्थियों ने भाग लिया।

इस कार्यक्रम में भारतीय दूतावास के अधिकारीगण एवं विश्वविद्यालय के विभिन्न विभागों ने हिस्सा लिया। विशेष अतिथि के रूप में श्री आर. वेणु परामर्शदाता भारतीय दूतावास रहे। अध्यक्षता डॉ. प्रो. जियाङ जिङ खुइ, अध्यक्ष हिन्दी विभाग ने की। स्वागत भाषण प्रो. थाङ रनृ हू, हिन्दी विभाग ने दिया और धन्यवाद ज्ञापन प्रो. लीयू शू शीयूं, विदेशी भाषा संस्थान के अधिकारी ने किया। डॉ. प्रो. सी. ई. जीनी ने इस कार्यक्रम को संचालित किया।

निर्णायक मण्डली में प्रो. लीयू अंगवू विदेशी भाषा संस्थान, प्रो. चिन तिङ हानू विदेशी भाषा संस्थान, प्रो. खूं चिलांग प्राच्य अध्ययन उर्दू विभाग, श्रीमती मालिनी नाम्बियार प्राचार्य भारतीय दूतावास स्कूल एवं श्री वी. के. दोरइ स्वामी द्वितीय सचिव भारतीय दूतावास थे।

वाद-विवाद में कुल आठ प्रतिभागी थे जिन्होंने बहुत ही उत्साह के साथ भाग लिया। प्रथम, द्वितीय एवं तृतीय स्थान पानेवाले को श्रीमती मालिनी नाम्बियार और प्रो. चिन तिङ हान द्वारा पुरस्कार प्रदान किए गए। अन्य को प्रोत्साहन पुरस्कार दिए गए।

प्रथम पुरस्कार – Wù Ruì (हिन्दी नाम मोहन)
द्वितीय पुरस्कार – Mâ Sài (हिन्दी नाम शान्ति)
तृतीय पुरस्कार – bì wêí (हिन्दी नाम चन्द्रमा)

प्रथम विजेता (विपक्ष) मोहन का भाषण सार

आधुनिक युग में भी स्त्री और पुरुष का दर्जा बराबर नहीं है। जैसे अधिकार के क्षेत्र में पुरुष का दर्जा स्त्री से कहीं ज्यादा ऊँचा है। हम जानते हैं कि समाज में भिन्न-भिन्न काम होते हैं। कुछ काम ऐसे हैं जो पुरुष ही कर सकते हैं क्योंकि पुरुष का बल स्त्री के बल से कहीं अधिक होता है। उदाहरण के तौर पर कम्पनी का मैनेजर, राज्य के संगठन कार्य, व्यापारी, राजनीति आदि। विशेष रूप से व्यापारी और राजनीति के क्षेत्र में पुरुष कामयाब होते हैं, क्योंकि पुरुष के दिमाग में व्यापारी का गुण भरा होता है और राजनीति की कूटनीति तथा चालबाजी से भी परिचित होते हैं। इन्हीं कारणों से सक्रिय भाग लेकर उसका सदुपयोग भी कर सकते हैं; इसलिए अधिकतर राजनीतिज्ञ पुरुष ही होते हैं। यह वास्तविकता समाज में देखने को मिलती है। मेरे पहले वक्ता (पक्ष) ने कहा कि आज के संसार में प्रधान मंत्री स्त्री बनी हैं और यह बात सही भी है; लेकिन मेरे विचार में शायद उनकी सफलताएँ अपने कुल के गौरव से ही सम्बन्धित हैं। दूसरी ओर उनकी संख्या भी बहुत ज्यादा नहीं है।

प्रश्न उठता है कि घरेलू कार्य कौन सँभालती हैं? हाँ स्त्रियाँ ही सँभालती हैं। चीन में स्थिति तो ऐसी ही है। विशेष रूप से चीन के दक्षिणी भाग में पति बाहर का काम सँभालता है और पैसे कमाता है। उसकी पत्नी तो केवल घर में बच्चे की देखभाल करती है और शिक्षा देती है। पति के लिए बच्चा पैदा करना उसका एक बहुत महत्वपूर्ण 'काम' है अर्थात् पत्नी पति की सेवा करती है। दूसरे संसार को देखें—मुस्लिम देशों में स्त्रियाँ लगभग दिन-भर घर में गृहस्थी सँभालती हैं। यदि स्त्री को कहीं निकलना भी होता है तो पहली शर्त यह है कि वह अपने सिर पर परदा डाले। इस प्रकार ढेरों उदाहरण हमारा समर्थन करते हैं। अन्त में अपनी बात को मैथिलीशरण गुप्त जी की प्रसिद्ध कृतियों से नारी की व्यथा का कितना हृदयस्पर्शी चित्र है, का सन्देश देकर समाप्त करना चाहता हूँ—

> ''अबला जीवन हाय तुम्हारी यही कहानी—
> आँचल में है दूध और आँखों में पानी।।''

व्यस्त कार्यक्रम के बावजूद हमारे कार्य को प्रोत्साहित करने भारत के राजदूत श्री वी. के. नाम्बियार जी पधारे और उन्होंने प्रतिभागियों को आशीर्वाद भी दिए।

प्रतिभागियों ने अपनी प्रतिक्रिया जाहिर की कि इस प्रकार के कार्यक्रम से उनमें हिन्दी भाषा बोलने की क्षमता बढ़ेगी और आत्मविश्वास की भावना पैदा हो सकेगी।

हमें आशा है चीन विश्वविद्यालय में हिन्दी की स्थिति सुदृढ़ होती जाएगी और समय-समय पर इस प्रकार के कार्यक्रमों के आयोजन होते रहेंगे, जिससे हिन्दी सीखनेवाले विद्यार्थियों में मौखिक अभिव्यक्ति की क्षमता बराबर विकसित होती रहे। कार्यक्रम सफलतापूर्वक सम्पन्न हुआ।

चीन की विशाल दीवार

संक्षिप्त परिचय

अधिकतर विदेशियों के लिए 'विशाल दीवार' तथा 'चीन' शब्द पर्यायवाची जैसे हैं क्योंकि उन्होंने अपनी भूगोल की पुस्तकों में विश्व के आश्चर्यों में इसका नाम भी पढ़ा है। चीनियों के लिए भी यह लगभग वैसी ही है, क्योंकि चीन की एक कहावत है 'यदि तुमने यह विशाल दीवार नहीं देखी है, तो तुम बड़े आदमी नहीं कहला सकते।'

यह दीवार वस्तुतः कितनी विशाल है, इस बारे में कुछ लोग कह सकते हैं कि विश्व में पृथ्वी पर मानव-निर्मित यही एक ऐसी स्थापना है जिसे ज्योतिषी चन्द्रमा से देख सकते हैं। कुछ लोग जो सांख्यिकी में दिलचस्पी रखते हैं, बता सकते हैं कि यदि इस विशाल दीवार की सभी ईंटों से पाँच मीटर ऊँची तथा एक मीटर मोटी दीवार बनाई जाए तो यह दीवार पृथ्वी को एक बार से अधिक बार घेर लेगी। अथवा, यदि यह दीवार उत्तरी अमेरिका ले जाई जा सके तो यह फ़िलाडेल्फ़िया से लेकर कन्सास तक पहुँच जाएगी और यदि यह यूरोप में स्थानान्तरित की जाए तो यह लिस्बन से लेकर नेपिल्स की दूरी तक विस्तृत होगी। कुछ अन्य गणितज्ञ बता सकते हैं कि इस विशाल दीवार को बनाने में उतना मानव-श्रम लगा होगा, जितना कि मिस्र के तीस पिरामिडों के बनाने में खर्च हुआ होगा।

इस विशाल दीवार के लम्बे इतिहास के बारे में भी कुछ इसी तरह की बातें की जाती हैं। सामान्यतः इसे ईसा पूर्व तीसरी शताब्दी में बना हुआ समझा जाता है तथा इसके निर्माता को क्विन राजवंश के प्रथम सम्राट् क्विन की हाड़ के नाम से जाना जाता है। इस सम्राट् के बारे में अनेक दन्तकथाएँ आज भी प्रचलित हैं। गत 23 शताब्दियों से इस सम्राट् के गुणों-अवगुणों के बारे में बहुत कुछ कहा जाता रहा है जिसका सम्बन्ध किसी न किसी प्रकार से इस विशाल दीवार से जोड़ा जाता रहा है।

वास्तव में जिस विशाल दीवार को आज हम देखते हैं, वह क्विन शी हाड् द्वारा नहीं बनवाई गई थी, बल्कि यह केवल 600 वर्ष पुराना स्थापत्य है। वस्तुतः यह एक विशाल दीवार नहीं, वरन् विशाल दीवारें हैं। चीन की प्रथम विशाल दीवार ईसा पूर्व 7वीं शताब्दी में बनवाई गई थी। उसके पश्चात् कई परवर्ती राजवंशों ने बीसियों विशाल दीवारों का निर्माण कराया। आज भी हम शन्डोड राज्य के क्विन राजवंश द्वारा 555 ईसा पूर्व में बनवाई गई विशाल दीवार के अवशेष देख सकते हैं। यदि इस विभिन्न राजवंशों द्वारा बनवाई गई विशाल दीवारों को एक साथ रख दें तो उनकी लम्बाई 50,000 किलोमीटर से भी अधिक होगी। भीतरी मंगोलिया में ही इसकी लम्बाई 15,000 किलोमीटर बैठेगी।

चीन-इतिहास का गत 20 शताब्दियों में विशाल दीवार का स्वर्ण युग योद्धा जागीरदारों के समय में उनकी उच्चावस्था तक रहा तथा उनके पतन के साथ ही इसका महत्त्व भी घट गया। विशाल दीवार के उत्तर की ओर की खानाबदोश जातियों के आक्रमणों से चीन की बहुत रक्षा की थी, खास तौर से मध्य मैदानी क्षेत्रों में रहने वाले लोगों की सुरक्षा तथा स्थायित्व में इससे बहुत सहायता मिली थी। इसके अतिरिक्त इससे देशान्तर-परिवर्तन, सीमावर्ती क्षेत्रों के विकास तथा रेशम-मार्ग की निर्विघ्न यात्राओं को बढ़ावा मिला। रेशम-मार्ग चीन तथा पश्चिम के मध्य एक महत्त्वपूर्ण कड़ी रहा है।

चीन की जनता विशाल दीवार को अपनी अविनाशी राष्ट्रीय आत्मा के प्रतीक के रूप में सम्मान देती रही है। 1840 ई. के अहिपेल-युद्ध के बाद से चीनी लोग अपनी स्वतन्त्रता प्राप्ति के लिए लड़ते रहे हैं। 1930 ई. के वर्षों में जब चीन पर जापानी आक्रमण हो रहे थे, उन दिनों चीनी लोग गाया करते थे—'उठो, तुम दास रहनेवाले नहीं हो! हमें अपने रक्त और मांस से एक नयी विशाल दीवार बनानी है।' आठ वर्षों के घनघोर युद्ध के बाद चीनी जनता ने आक्रमणकारियों को अपनी भूमि से खदेड़ बाहर किया था। 1949 ई. में अन्ततः चीनियों ने गत सौ सालों के विदेशी आक्रमणों तथा अत्याचारों से मुक्ति प्राप्त की। वे विशाल दीवार की भाँति पूर्वी दुनिया में उत्थित हुए थे।

सैकड़ों वर्षों से चीन के कवि विशाल दीवार की प्रशंसा के भावनात्मक गीत गाते रहे हैं। आज इस विशाल दीवार का सैनिक महत्त्व समाप्त हो चुका है, किन्तु यह विश्व के सभी भागों से आनेवाले पर्यटकों के आकर्षण का प्रमुख केन्द्र है। बीजिंग के लगभग 50 किलोमीटर उत्तर में अवस्थित हेवेइ राज्य में Shanhaiguan तथा गान्स राज्य में Jiayuguan तथा Juyangguan जैसे प्रसिद्ध दर्रे और बीजिंग से लगभग 70 किलोमीटर उत्तर में स्थित बादलिङ में वर्तमान विशाल दीवार का भाग पूरे वर्ष पर्यटकों को आकर्षित करता रहा है। यहाँ फोटोग्राफर अपनी पसन्द के फोटो खींचते हैं; चित्रकार अपने मन-मस्तिष्क पर पड़े प्रभावों को रंगों तथा तूलिकाओं से

मूर्त रूप देते हैं; किन्तु अधिकतर दर्शक इस दीवार पर खड़े होकर इस दीवार की विशालता को फटी-फटी आँखों से निहारते रहते हैं, इसके चारों ओर के दृश्य से वशीभूत होते हैं तथा इसके इतिहास के बारे में चिन्तन-मनन करते रहते हैं।

चीन सरकार ने इस विशाल दीवार की सुरक्षा तथा इसके ऐतिहासिक अध्ययन के प्रति विशेष ध्यान दिया है। उपर्युक्त दर्रों तथा दीवार अवशेषों को राज्य की सुरक्षा में विशेष पुरातात्विक महत्त्व के स्थल घोषित किया गया है। 1980 ई. में चीन सरकार ने भीतरी मंगोलिया के Hohhot नगर में एक गोष्ठी का आयोजन किया था, जिसमें अनेक विद्वानों ने विशाल दीवार से सम्बन्धित बीसियों शोधपत्र प्रस्तुत किए थे, जिनमें भविष्य में विशाल दीवार की सुरक्षा के सम्बन्ध में कई सुझाव भी दिए गए थे। विशाल दीवार से संलग्न स्थानीय सरकारों ने दीवार की सुरक्षा का दायित्व पुरातत्त्व-सुरक्षा-अधिनियम के अन्तर्गत वहन करना आरम्भ कर दिया गया है। वे दीवार की सुरक्षा हेतु सुरक्षाकर्मियों की नियुक्ति करती हैं तथा जनता को दीवार के महत्त्व के बारे में समझाती हैं तथा उन्हें बताती हैं कि दीवार की देख-रेख किस प्रकार की जाए, क्योंकि विशाल दीवार केवल चीन की ही नहीं, वरन् एक विश्व धरोहर है।

विशाल दीवार का संक्षिप्त इतिहास

इस विशाल दीवार का अस्तित्व सातवीं शताब्दी ईसा पूर्व में मिलता है। परवर्ती 2300 वर्षों तक प्रत्येक राजवंश ने इसे मज़बूत किया या इसका विस्तार किया। यद्यपि विभिन्न राजवंशों द्वारा बनवाई गई दीवार के बहुत-से भाग आज वर्तमान नहीं हैं, फिर भी चीन के इतिहास तथा चीन के विभिन्न भागों में उपलब्ध दीवार के अवशेषों से इसके इतिहास की कड़ियाँ जोड़ी जा सकती हैं।

8वीं शताब्दी ईसा पूर्व से लेकर तीसरी शताब्दी ईसा पूर्व तक चीन अनेक योद्धा राजाओं तक उनके राजवंशजों के राज्यों में बँटा रहा था, जिन्होंने अपने राज्यों की सुरक्षा तथा मज़बूती के लिए राज्य-सीमाओं पर बड़ी-बड़ी दीवारें, मीनारें तथा गढ़ बनवाए थे। ये दीवारें, मीनारें तथा रक्षागृह ह्वाड़हे (पीली नदी) से लेकर चाड़जियाड़ (याड़त्ज़ी नदी) के विस्तृत क्षेत्र में फैले हुए थे। लघुतम दीवार 100 ली की तथा दीर्घतम दीवार 1000 ली लम्बी थी। (एक ली वर्तमान का लगभग आधा किलोमीटर था। विभिन्न राज्यों में यह नाप थोड़ी छोटी-बड़ी होती थी।)

चू का राज्य मध्य चीन में याड़त्ज़ी नदी तक था जहाँ चू की *प्रथम विशाल दीवार* का निर्माण कराया गया। 656 ईसा पूर्व में यहाँ के राजकुमार चेड़ बाड ने 'फ़ाड चेड' नाम की विशाल दीवार बनवाई, जिससे क्वी राज्य के आक्रमणकारियों को राज्य से दूर रखा जा सके। चू की यह विशाल दीवार लगभग 1000 ली लम्बी थी। इसकी बनावट लगभग अर्द्ध वृत्त-जैसी थी। पुरातत्वविदों ने इस दीवार के 100 किलोमीटर से अधिक लम्बे अवशेष खोज निकाले हैं। ठोस चट्टानों से बनी इस दीवार के कुछ

द्वार आज भी स्पष्ट देखे जा सकते हैं। चू की विशाल दीवार का चीन के इतिहास में विशेष महत्त्व है। 624 ईसवी पूर्व पड़ोसी उत्तरी राज्य जिन ने चू राज्य पर आक्रमण करने के लिए सेना की टुकड़ी भेजी। दीवार से आक्रमणकारियों को रोकने तथा वापस जाने में सहायता मिली। चू के पश्चिम में स्थित मज़बूत क्विन राज्य के हमलों से भी दीवार ने सुरक्षा प्रदान की।

चू की विशाल दीवार ने परवर्ती दीवारों के लिए एक नमूना प्रस्तुत किया था। यह वहाँ छोटे-छोटे गढ़ों/किलों से युक्त थी, जहाँ धरातल सपाट था तथा दीवार नहीं थी। अन्यत्र पर्वतों/पहाड़ियों तथा नदियों की रोक थी। दीवार निर्माण की सामग्री क्षेत्र शेष की स्थिति के अनुरूप थी। जहाँ चट्टानें उपलब्ध नहीं थीं, वहाँ दीवार को ठुकी हुई मिट्टी से बनाया गया था।

पाँचवीं सदी ईसा पूर्व में बनी *क्वी की विशाल दीवार* लगभग 1000 ली लम्बी थी। दक्षिण में बसे चू राज्य के आक्रमणों से बचने के लिए इसका निर्माण कराया गया था। इस दीवार के अवशेष 4-5 मीटर मोटे तथा 1-4 मीटर ऊँचे हैं। *ज़ॉडशान की विशाल दीवार* 369 ईसा पूर्व में 500 ली से अधिक लम्बी बनवाई गई थी ताकि पड़ोसी के ताक़तवर राज्यों (ज़ाओ तथा जिन) के आक्रमणों से बचा जा सके, फिर भी 296 ईसा पूर्व में ज़ाओ राज्य ने ज़ॉडशान को जीत लिया था। *वेइ की विशाल दीवारों* में से एक 361-351 ईसा पूर्व के मध्य क्विन तथा क्वानरॉड राज्यों के आक्रमणों से बचने के लिए बनवाई गई थी। इसकी लम्बाई 1000 ली से अधिक थी, जिसके अवशेष कई स्थानों पर देखे जा सकते हैं। दूसरी विशाल दीवार 355 ईसा पूर्व में बनवाई गई थी जिसकी लम्बाई लगभग 600 ली थी।

क्विन की विशाल दीवार को उत्तर-पश्चिम के हूण आक्रमणकारियों से बचाव के लिए तत्कालीन राजा ने 324 ईसा पूर्व में बनवाना शुरू किया था। यह दीवार लगभग 2000 ली लम्बी थी। *यान की दक्षिणी विशाल दीवार* की लम्बाई लगभग 500 ली थी। यह दीवार चौथी सदी ईसा पूर्व में बननी शुरू हुई थी। यान की उत्तरी विशाल दीवार 2400 ली से भी अधिक लम्बी थी तथा लगभग 254 ईसा पूर्व में बनी तथा 400 ली से अधिक लम्बी थी। इस राज्य की उत्तरी विशाल दीवार 312 ईसा पूर्व में राजकुमार कूलिड़ ने बनवाई थी तथा लगभग 1300 ली लम्बी थी।

इस प्रकार तत्कालीन योद्धाओं तथा निरंकुश शासकों ने अपने राज्य की सुरक्षा तथा दूसरे राज्य पर आक्रमण करने के उद्देश्य से उपर्युक्त विशाल दीवारों का निर्माण कराया था। उपर्युक्त लगभग सभी दीवारें समय के गर्त में लगभग नष्ट हो चुकी हैं, केवल क्विन के प्रथम सम्राट् द्वारा बनवाई गई दीवार की नींव का अल्पांश शेष है। फिर भी इन विशाल दीवारों के कुछ अवशेष तत्कालीन राजनीतिक तथा सैनिक स्थिति के अध्ययन के लिए महत्त्वपूर्ण है।

क्विन शी हॉड कालीन विशाल दीवार दस हज़ार ली लम्बी दीवार कही जाती

थी। क्विन शी हॉड ने 221 ईसा पूर्व में लम्बे काल तक चले आ रहे छोटे-छोटे राज्यों तथा अलगाववादियों के राज्य को समाप्त कर चीन के इतिहास में पहली बार संयुक्त चीन की स्थापना की। चीन की एकता को बनाए रखने के लिए हॉड ने कई उपाय किए, जिनमें से एक था—1000 ली लम्बी चीन की विशाल दीवार का निर्माण कराना। यह विशाल दीवार 217 ईसा पूर्व में आरम्भ हुई तथा 210 ईसा पूर्व में इसका निर्माण कार्य पूरा हुआ। हॉड ने न केवल विशाल दीवार का निर्माण कराया, वरन् उसने चीन को एक राज्य बनाने तथा शान्ति स्थापना के लिए चीन को छोटे-छोटे राज्यों में विभाजन करनेवाली सभी पुरानी दीवारों, द्वारों, मीनारों आदि को तहस-नहस करा दिया। हॉड की मृत्यु के एक वर्ष बाद 209 ईसा पूर्व में चीन का प्रथम कृषक-विद्रोह बड़े पैमाने पर फूट पड़ा। इस विद्रोह ने 15 वर्ष के अन्दर ही हॉङ राजवंश को उखाड़ फेंका। दीवार-निर्माण के समय की निर्दयता तथा एकछत्र तानाशाही लोगों की जुबान पर आने लगी।

हान राजवंश की विशाल दीवार चीन के इतिहास की सबसे लम्बी दीवार थी जो 20000 ली लम्बी थी। 158 ईसा पूर्व से हान राजवंश में हॉड की बनवाई हुई विशाल दीवार की मरम्मत कराते हुए उसे मज़बूत रूप प्रदान करना आरम्भ किया था। हान राजवंश की नयी विशाल दीवार की मोटाई 10 ची से अधिक ऊँची तथा 3 ची से अधिक चौड़ी थी। (हान-काल का 1 ची आज के 0.23 मीटर के बराबर था।) प्रत्येक 5-10 ली की दूरी पर शत्रु पर निगरानी रखने के लिए मीनारों पर सैनिक तैनात किए गए थे।

दक्षिण तथा उत्तरी राजवंश से लेकर युआन राजवंश तक की विशाल दीवार—उत्तरी राजवंश लेङ ने 423 ई. में 2000 ली लम्बी तथा 466 ई. में 1000 ली लम्बी विशाल दीवार बनवाई। उत्तरी राजवंश ने 552 ई. में, 900 ली लम्बी, 565 में 2000 ली लम्बी विशाल दीवारें बनवाईं। अन्य राजाओं, सरदारों ने कुछ नयी दीवारें बनवाईं तथा कुछ ने पुरानी दीवारों की मरम्मत कराई। *मिङ राजवंश की 12 हज़ार 700 ली लम्बी विशाल दीवार* 1368 ई. में बनना आरम्भ हुई तथा दीवार सम्बन्धी विभिन्न कार्य 1600 ई. तक 200 वर्ष से अधिक समय तक कराए जाते रहे। इन दीवारों में कुछ भीतरी दीवारें थीं तथा कुछ बाहरी।

तत्कालीन विशाल दीवारें मुख्यतः तीन दृष्टियों से अपना विशेष महत्व रखती थीं—

(1) शत्रुओं के आक्रमणों से बचाव करते हुए राज्य की स्थिरता तथा जनता की सुरक्षा प्रदान करना,

(2) उजाड़ तथा अनुपजाऊ भूमि को कृषियोग्य भूमि बनाने तथा अधिक पैदावार करने में परोक्ष रूप में सहायता करना,

(3) आवागमन की सुरक्षा तथा व्यापारियों को सुरक्षित व्यापारमार्ग प्रदान

करना। चीन की इन विशाल दीवारों को बनवाने में कल्पनातीत मानव तथा पशु शक्ति, निर्माण-सामग्री, दूरदृष्टिपूर्ण निर्माण कला का सैकड़ों वर्षों तक उपयोग किया जाता रहा।

वर्तमान स्थिति

दस हज़ार ली लम्बी चीन की विशाल दीवार के अवशेष अनन्त काल तक परम्परागत अक्षय निधि के रूप में देखे जाते रहेंगे। यद्यपि दीवार का मुख्य कार्य उपयोग गत सैकड़ों वर्षों से समाप्त प्राय है। चीन की वर्तमान सरकार ने 1961 ई. में चार प्रमुख स्थलों पर दीवार के अवशेषों के ऐतिहासिक महत्त्व को स्वीकार करते हुए उन्हें राज-सुरक्षा प्रदान की है। पुरातत्व की दृष्टि से महत्त्वपूर्ण ये चार अवशेष स्थल हैं—Shanhaiguan, Juyangguan, Badaling & Jiayuguan कई वर्षों तक दीवार की आवश्यक मरम्मत कराई गई है तथा उसे जनता के लिए खोल दिया गया है। विभिन्न राजवंशों द्वारा विभिन्न राज्यों तथा नगरों में समय-समय पर बनवाई गई दीवारों, द्वारों, मीनारों आदि के अवशेषों को सम्बद्ध विभिन्न प्रशासन-स्तरों को देखभाल के लिए सौंप दिया गया है।

स्रोत—The Great Wall of China in History and Legend by Luozhewen and Zhao Luo (Foreign Languages Press Beijing, 1986)

उपयोगी आरेख—पृ. 2; पृ. 5; पृ. 7; पृ. 10; पृ. 37

उपयोगी चित्र—

1. A watcht ower on the Great Wall.
2. The Wall is crenelated on both sides–A distinctive juncture.
3. A magnificent view of the Western gatetower.
4. A two-story watch tower. The first floor was used to quarter soldiers and to store grain and weapons.

परिशिष्ट पृ. 57

तृतीय खण्ड

अन्तरर्राष्ट्रीय स्तर पर हिन्दी की स्थिति

विश्व-भाषाओं में हिन्दी का प्रथम स्थान

डॉ. जयंतीप्रसाद नौटियाल ने अपने एक लेख का शीर्षक ही भाषा जाननेवालों की संख्या के आधार पर 'विश्व में हिन्दी प्रथम स्थान' पर है रखा है। डॉ. नौटियाल ने अपने इस उक्त कथन का आधार सन् 1999 की जनसंख्या को माना है। संवैधानिक दृष्टि से हिन्दी भले ही भारतीय राजभाषा हो, भारत की जनता भले ही उसे राष्ट्रभाषा का सम्मान देती है, परंतु इन तथ्यात्मक सत्यों के अस्तित्व में रहते हुए भी यह कहना किसी भी प्रकार से अनुचित नहीं होगा कि हिन्दी के साथ विश्व में ही नहीं, हिन्दुस्तान में भी सदा से अन्याय होता रहा है। इस कथन का सबसे ज्वलंत तथ्य यह है कि संसार में भाषा जाननेवालों की संख्या को यदि ध्यान में रखा जाए, तो हिन्दी भाषा को प्रथम स्थान प्राप्त होना चाहिए। संसार की जनसंख्या के 1999 में जो आँकड़े तैयार किए गए थे, उनके आधार पर संसार में हिन्दी जाननेवालों की संख्या 1103 मिलियन है और चीनी भाषा के ज्ञाताओं की संख्या मात्र 1052 मिलियन दर्शाई गई है। इस प्रकार हिन्दी ज्ञाताओं की संख्या सर्वोपरि होने पर भी संसार के अनेक प्रकाशन इसे द्वितीय या फिर तृतीय स्थान पर ही रखते हैं।

अपनी उक्त मान्यता को सत्य प्रमाणित करने के लिए डॉ. जयंतीप्रसाद नौटियाल ने सन् 1981 की संसार की जनगणना को आधार बनाते हुए एक सर्वेक्षण किया था। उस समय भी संसार में हिन्दी भाषा का प्रथम स्थान था। साथ ही सन् 1999 ई. की जनगणना के आधार पर भी हिन्दी भाषा का स्थान सारे संसार में पहला बनता है। इन तथ्यों की पुष्टि अथवा विश्वसनीयता के लिए उन्होंने अपने लेख के अंत में एक और दो संलग्नक भी दिए हैं जिनको हम यथास्थान प्रस्तुत कर रहे हैं।

संसार में हिन्दी भाषा को प्रथम स्थान पर दिखाने अथवा स्थापित करने के लिए उक्त लेखक ने अन्य और भी एकाधिक प्रयत्न किए हैं और निम्नलिखित प्रकाशनों तथा विभागों को लिखा है कि वे हिन्दी को पहले स्थान पर दिखाने का अभियान प्रारम्भ करें। वे प्रकाशन अथवा विभाग निम्नलिखित हैं।

1. वर्ल्ड आल्मेनक एण्ड बुक ऑफ फैक्ट्स, न्यूज पेपर इण्टरप्राइजेज इंक,

न्यूयार्क,

2. मनोरमा ईयर बुक,

3. भारत सरकार के प्रकाशन विभाग।

प्रस्तुत प्रकरण सम्बन्धी अध्ययन में हिन्दी के साथ उर्दू को भी सम्मिलित किया गया है तथा हिन्दी प्रदेश की बोलियाँ—ब्रज, अवधी, राजस्थानी, बिहारी (मैथिली, भोजपुरी, मगही आदि) की भी हिन्दी के रूप में ही परिगणना की गई है। जो हिन्दी विदेशों में व्यवहृत होती है, उसका रूप थोड़ा भिन्न तो अवश्य है, फिर भी मॉरीशस, गुयाना, सूरीनाम, फीजी आदि की हिन्दी पर हिन्दी भाषा की बोलियों की छाप अथवा छाया अवश्य है। इन देशों की हिन्दी विशुद्ध खड़ी बोली के समान नहीं है। फिर भी वे हिन्दी के एक विशेष रूप तो हैं ही। अतः इन्हें हिन्दी में सम्मिलित करने में कहीं कोई आपत्ति नहीं होनी चाहिए।

उक्त आधार को ध्यान में रखते हुए विश्व में हिन्दी जाननेवालों की संख्या निश्चित की गई है, इसलिए भारतवासियों का यह दायित्व बनता है कि वे अपने राष्ट्र की इस भाषा को संसार की भाषाओं में प्रथम स्थान पर प्रतिष्ठित करने में सहायक सिद्ध हों और जहाँ तक सम्भव हो इस तथ्यपरक वास्तविकता का प्रचार करें कि संसार में हिन्दी का स्थान पहला है, चीनी भाषा का दूसरा, अंग्रेजी का तीसरा और स्पेनी का चौथा। इस प्रसंग में और नए तथ्य जुटाने की दिशा में निरन्तर प्रयत्न चलता रहना चाहिए, तो अच्छा होगा।

निबन्ध के उक्त प्रतिपादन के विरुद्ध कतिपय प्रतिभा-पुत्रों ने यह वक्तव्य दिया अथवा धारणा व्यक्त की कि जैसे हिन्दी के आँकड़े विश्व स्तर पर प्रस्तुत किए गए हैं, उसी का अनुकरण करते हुए यदि चीनी भाषा के सम्बन्ध में आँकड़े संकलित किए जाएँ, तो पहला नम्बर या प्रथम स्थान चीनी भाषा को ही प्राप्त होगा। इस आपत्ति अथवा धारणा की तथ्यगत सचाई जानने के लिए डॉ. जयंतीप्रसाद नौटियाल ने विश्व भर में चीनी भाषा के ज्ञाताओं की संख्या जानने का प्रयत्न किया और वे इस निष्कर्ष पर ही पहुँचे कि चीनी भाषा बोलने और समझनेवालों की संख्या दूसरे स्थान पर आती है। सामान्यतः जनसाधारण और विद्वान लोगों की यह मान्यता बनी हुई है कि चीन देश के सभी निवासी चीनी भाषा-भाषी हैं, परन्तु सचाई इसके विपरीत है। चीन में अन्य कई भाषाएँ भी व्यवहृत की जाती हैं, जिनमें विशेष रूप से उल्लेखनीय हैं—शंघाई, कैंटन, फुकीन, हक्का, तिब्बती, तुर्की आदि। पाठकों को यह जानकर भी आश्चर्य होगा कि चीन में 2.5 मिलियन लोग तिब्बती भाषा-भाषी हैं। इसी तरह अन्य भाषा बोलने और जाननेवालों के आँकड़े घटा दें, तो चीनी भाषियों की आबादी 80% ही कहलाएगी। इस सत्य को आत्मसात करने के लिए लेख में यथास्थान दिया गया संलग्नक 3 देख लेना उपयुक्त होगा। निबन्ध लेखक का उक्त प्रतिपादन प्रस्तुत करते हुए बुद्धिजीवी जगत् से यह भी विनम्र निवेदन रहा है कि

उसके भाषाई अध्ययन का प्रयोजन चीनी भाषा को किसी भी प्रकार कम आँकना नहीं रहा है, अपितु तथ्यानुमोदित भाषित सचाई को संसार के सामने लाना रहा है। वह निःसंकोच स्वीकार करता है कि चीनी भाषा और उसका साहित्य संसार की प्राचीन सभ्यताओं में से एक है।

बुद्धिजीवी जगत् से और विशेष रूप से विश्व के हिन्दी जाननेवाले बुद्धिजीवियों से विनयवत् अपेक्षा की है कि वे इस अभियान को आगे बढ़ाएँ और जानकारी दें, साथ ही आनेवाले नए तथ्यों को प्रकाश में एतद् विषयक मान्यता में परिवर्तन और परिवर्द्धन के सुझाव भी प्रस्तुत करते रहें।

(प्रस्तुत निबन्ध में जिन भाषा सम्बन्धी संलग्नकों का उल्लेख किया गया है उन्हें पाठकों की जानकारी और जिज्ञासा-शमन के लिए संलग्नक के रूप में दिया जा रहा है।)

अनुबंध Annexure-1

भारत में हिन्दी जानने वालों की संख्या

Total No. of Population Knowing Hindi in India
आधार 1991 जनसंख्या Cencus 1

क्र. सं. S. No.	राज्य State	जनसंख्या Population	हिन्दी जानने वाले % में % of knowing Hindi	हिन्दी जानने वाले व्यक्ति Hindi knowing Populalation
	राजभाषा नियम 1976 के अनुसार 'क' क्षेत्र 'A' as per O.L. Rules, 1976			
1.	बिहार (Bihar)	86,374,465	100%	86,374,465
2.	हरियारणा (Haryana)	16,463,618	100%	16,463,618
3.	हि. प्र. (H.P.)	5,170,877	100%	5,170,877
4.	म. प्र. (M.P.)	66,181,110	100%	66,181,110
5.	राजस्थान (Rajastan)	44,005,990	100%	44,005,990
6.	उत्तर प्रदेश (U.P.)	1,39,112,287	100%	1,39,112,287
7.	दिल्ली (Delhi)	9,420,616	100%	9,420,616
8.	अण्डमान एवं निकोबार Andaman & Nicobar	280,661	100%	280,661
कुल Total		36,70,09,624	100%	36,70,09,624

राजभाषा नियम, 1976 के अनुसार 'ख' क्षेत्र 'A' as per O.L. Rules, 1976

1.	गुजरात (Gujarat)	41,309,582	80%	33,047,665
2.	महाराष्ट्र (Maharashtra)	78,937,187	80%	63,149,749
3.	पंजाब (Punjab)	20,281,967	80%	16,225,578
4.	चंडीगढ़ (Chandigarh)	642,015	80%	513,612
	कुल Total	14,11,70,751	80%	11,29,36,600

क्र. सं. S. No.	राज्य State	जनसंख्या Population	हिन्दी जानने वाले % में % of knowing Hindi	हिन्दी जानने वाले व्यक्ति Hindi knowing Populalation
	राजभाषा नियम 1976 के अनुसार 'ग' क्षेत्र 'C' as per O.L. Rules, 1976			
1.	आंध्र प्रदेश (Andhra Pradesh)	66,508,008	40%	26,603,203
2.	अरुणाचल प्रदेश (Arunachal Pradesh)	864,558	30%	259,367
3.	असम (Assam)	22,414,322	50%	11,207,161
4.	गोवा (Goa)	169,793	70%	118,855
5.	ज. एवं क. (J & K)	7,718,700	90%	6,946,830
6.	कर्नाटक (Karnataka)	44,979,201	45%	20,239,740
7.	केरल (Kerala)	29,698,518	35%	10,394,485
8.	मणिपुर (Manipur)	1,837,119	30%	551,135
9.	मेघालय (Meghalaya)	1,774,778	30%	532,433
10.	मिज़ोरम (Mizoram)	689,756	35%	241,414
11.	नागालैंड (Nagaland)	1,209,546	25%	302,386
12.	उड़ीसा (Orissa)	31,659,736	60%	18,995,841
13.	सिक्किम (Sikkim)	406,457	60%	243,874
14.	तमिलनाडु (Tamilnadu)	55,858,946	20%	11,171,789
15.	त्रिपुरा (Tripura)	2,757,205	25%	689,301
16.	प. बंगाल (West Bengal)	1,39,112,287	60%	86,467,372
17.	दा एवं ना हवेली D. & N. Haveli	138,447	65%	89,990
18.	दीव एवं दमण (Dieu & Daman)	101,586	65%	66,031

19.	लक्षद्वीप (Lakshdweep)	51,707	25%	12,926
20.	पांडिचेरी (Pondichery)	807,785	20%	161,557
कुल Total		40,87,56,455	47,04%	19,22,95,686

कुल जनसंख्या Total Population : 91, 69, 36, 830
हिन्दी जानने वालों की संख्या Hindi Knowing Population : 67,22,41,910
हिन्दी जाननेवालों का प्रतिशत : % of Hindi Knowing People : 73.31%

अनुबन्ध Annexure-2

संसार में हिन्दी जानने वालों की जनसंख्या

Hindi Knowing Population in the World
आधार As per 1999 सेंसस Census 1

क्र. सं. S. No.	राष्ट्र Nation	जनसंख्या Population	हिन्दी जानने वाले % में % of knowing Hindi	हिन्दी जानने वाले व्यक्ति Hindi knowing Population
1.	अर्जेंटीना Argentina	3,66,00,000	1%	3,66,000
2.	बहरीन Bahrain	6,06,000	3%	18,180
3.	बांग्लादेश (Bangladesh)	12,69,00,000	30%	3,80,70,000
4.	भूटान (Bhutan)	21,00,000	30%	6,30,000
5.	ब्राजील (Brazil)	16,80,00,000	1%	16,80,000
6.	म्यॉनमार (Myanmar)	4,51,00,000	5%	22,55,000
7.	कोलंबिया (Columbia)	4,16,00,000	1%	4,16,000
8.	कोस्टारिका (Costarica)	39,00,000	0.4%	15,600
9.	इक्वेडर (Ecuador)	1,24,00,000	25%	31,00,000
10.	अल साल्वडोर (El Salvador)	62,00,000	10%	6,20,000
11.	फीजी (Fiji)	8,06,000	50%	4,03,000
12.	ग्वाटेमाला (Guatemala)	1,11,00,000	50%	55,50,000

13.	गुयाना (Guyana)	8,55,000	50%	4,27,500
14.	होंडूरास (Honduras)	63,00,000	8%	5,04,000
15.	इंडोनेशिया (Indonesia)	20,93,00,000	2%	41,86,000
16.	कुवैत (Kuwait)	19,00,000	13%	2,47,000
17.	मलेशिया (Malasia)	2,18,00,000	7%	15,26,000
18.	मॉरीशस (Mauritius)	12,00,000	69%	8,28,000
19.	मेक्सिको (Mexico)	9,74,00,000	9%	87,66,000
20.	मोजाम्बिक (Mozambique)	1,93,00,000	5%	9,65,000
21.	नेपाल (Nepal)	2,34,00,000	80%	1,87,20,000
22.	निकारागुआ (Nicaragua)	49,00,000	3%	1,47,000
23.	ओमान (Oman)	25,00,000	2%	50,000
24.	पाकिस्तान (Pakistan)	15,23,00,000	80%	12,18,40,000
25.	पनामा (Panama)	28,00,000	5%	1,40,000
26.	पैरगुवे (Paraguay)	54,00,000	3%	1,62,000
27.	पेरू (Peru)	2,52,00,000	7%	17,64,000
28.	कतर (Quatar)	5,89,000	5%	29,450
29.	सऊदी अरब (Saudi Arabia)	2,09,00,000	3%	6,27,000
30.	सेशेल्स (Seychelles)	78,700	1%	787
31.	सिंगापुर (Singapore)	35,00,000	4%	1,40,000
32.	श्रीलंका (Sri Lanka)	1,86,00,000	4%	7,44,000
33.	सूरीनाम (Surinam)	4,15,000	37%	1,53,550
34.	थाईलैंड (Thailand)	6,09,00,000	2%	12,18,000
35.	संयुक्त अरब अमीरात (UAE)	24,00,000	50%	12,00,000
36.	वेनेजुएला (Venezuela)	2,37,00,000	2%	4,74,000
37.	दक्षिण यमन (South Yemen)	1,75,00,000	10%	17,50,000
38.	संयुक्त राज्य अमेरिका (U.S.A.)	27,62,00,000	4%	1,10,48,000
39.	जाम्बिया (Zambia)	90,00,000	1%	90,000
40.	ट्रिनिडाड (Trinidad)	13,00,000	30%	3,90,000
41.	ब्रिटेन (Britain)	5,87,00,000	5%	29,35,000

42.	कनाडा (Canada)	3,09,00,000	4%	12,36,000
43.	भारत (India)	91,69,36,830	73.31%	67,22,06,390
44.	रूस तथा अन्य राष्ट्र U.S.S.R. & Other Countries	3,37,72,52,470	5.8%	19,53,57,990
कुल Total		5,84,87,39,000	18.9%	1,10,29,96,447

स्रोत : द वर्ल्ड आल्मेनक एंड बुक ऑफ फेक्ट्स, न्यूजपेपर इण्टरप्राइजेज एसोसिएशन इंक, न्यूयॉर्क

Source : The World Almanac & Book of Facts published by News paper Enterprises Association INC. New York.

डॉ. ज. प्र. नौटियाल द्वारा किया गया शोध अध्ययन

Research Study by Dr. J.P. Nautiyal

मनोरमा इयर बुक 2000

Manorama Year Book 2000

अनुबंध Annexure-3

विश्व में चीनी भाषा जानने वालों की संख्या

Mandarin Knowing Population in the World

1999 जनसंख्या

क्र. सं. S. No.	राष्ट्र Nation	जनसंख्या Population	चीनी जानने वालों का % % of those knowing Mandarin	चीनी जानने वालों की सं. Total No. of people knowing Mandarin
1.	चीन (China)	1,26,68,80,000	80	1,01,35,04,000
2.	गुयाना (Guyana)	8,55,000	1	8,550
3.	इंडोनेशिया (Indonesia)	20,93,00,000	1	20,93,000
4.	जमैका (Jamaica)	26,00,000	0.5	13,000
5.	मलेशिया (Malaysia)	2,18,00,000	20	43,60,000

6.	मंगोलिया (Mongoliya)	26,00,000	0.5	13,000
7.	म्यनमार (Myanmar)	10,500	19	1,995
8.	नारु (Nauru)	7,45,00,000	0.5	3,72,500
9.	फिलिपीन्स (Philippines)	35,00,000	60	21,00,000
10.	सिंगापुर (Singapore)	6,09,00,000	10	60,90,000
11.	थाइलैंड (Thailand)	7,95,00,000	0.5	3,97,500
12.	वियतनाम (Vietnam)	45,10,000	1	45,100
13.	अन्य (Others)	4,12,17,83,500	0.57	2,37,89,850
कुल Total		5,84,87,39,000	0.18	1,05,27,88,495

स्रोत : द वर्ल्ड आल्मेनक एंड बुक ऑफ फैक्ट्स, न्यूजपेपर इण्टरप्राइजेज एसोसिएशन इंक. न्यूयोर्क

Source : The World Almanac & Book of Facts published by News paper Enterprises Association INC. New York

डॉ. ज. प्र. नौटियाल द्वारा किया गया शोध अध्ययन

Research Study by Dr. J.P. Nautiyal

मनोरमा इयर बुक 2000

Manorama Year Book 2000

विश्व-देशों में हिन्दी के अध्ययन-अध्यापन केन्द्र

भारतीय स्वतन्त्रता संग्राम के पुरोधा नेताओं ने यह अनुभव कर लिया था कि देश को एकता के सूत्र में पिरोकर रखने की सामर्थ्य हिन्दी भाषा में ही है। स्वामी दयानन्द सरस्वती, राजा राममोहन राय, केशवचन्द सेन, बाल गंगाधर तिलक, महात्मा गांधी, सुभाष चन्द्र बोस जैसे विचारक नेताओं ने स्वाधीनता संग्राम के संघर्ष में जहाँ अग्रणी भूमिका अदा की, वहीं अपनी-अपनी स्वभाषाओं अथवा मातृभाषाओं का आग्रह बराबर बनाए रखा तथा हिन्दी के सीखने-सिखाने की राष्ट्रीय अनिवार्यता को भी हृदय से स्वीकार किया और उसके प्रचार-प्रसार में अपना पूरा-पूरा योगदान प्रदान किया। भारतवर्ष के इन्हीं भविष्य कल्पनाकारों के सद्भावनापूर्ण सत् प्रयासों के फलस्वरूप समस्त भारतवर्ष में अनेक स्वैच्छिक संस्थाओं का गठन और विकास हुआ। इनकी देख-रेख में राष्ट्रीयता से ओत-प्रोत लाखों अहिन्दी भाषियों ने स्वेच्छा से हिन्दी सीखने और उसकी सेवा करने का संकल्प किया।

भारतीय स्वाधीनता संग्राम का नेतृत्व जब महात्मा गांधी के हाथों में आ गया तो उनके नैतिक मूल्यों तथा 'सत्य और अहिंसा' सिद्धान्त से संसार के प्रमुख देश प्रभावित हुए बगैर न रह सके। संसार की महान् शक्तिशाली सत्ताओं तक की आशंका इस विश्वास में बदलने लगी कि अब भारतवर्ष स्वाधीन होकर ही रहेगा और तब भारत की सम्पर्क भाषा अथवा राष्ट्रभाषा हिन्दी के द्वारा भारतीय संस्कृति, सभ्यता, राजनीति तथा जीवन को समझने-समझाने के लिए हिन्दी भाषा का ज्ञान आवश्यक होगा। इस आवश्यकता को ध्यान में रखते हुए विश्व के विभिन्न देशों ने अपने यहाँ हिन्दी के अध्ययन-अध्यापन का श्रीगणेश कर दिया। इसी बीच सन् 1947 में हिन्दुस्तान स्वतन्त्र हो गया और स्वतंत्रता-प्राप्ति के उपरांत भारतीय जनता की आकांक्षाओं को संविधान में समाहित करने और उन्हें ठोस भूमि प्रदान करने के मन्तव्य से हिन्दी को राजभाषा स्वीकार कर लिया गया, जो कि स्वतन्त्रता संग्राम की

अवधि में सम्पर्क भाषा तथा राष्ट्रभाषा का स्थान ले चुकी थी। विश्व-देशों के मंच पर भारतवर्ष निर्गुट आन्दोलन का संस्थापक और संरक्षक की हैसियत से उभरा और विश्व के सबसे बड़े लोकतंत्र के रूप में प्रतिष्ठा प्राप्त करने लगा। ऐसी परिस्थिति में भारतवर्ष की सम्पर्क भाषा तथा राजभाषा हिन्दी के प्रति विश्व-देशों का आकर्षित होना स्वाभाविक ही था।

ब्रिटिश शासनकाल और उनके विरुद्ध भारतीय स्वतन्त्रता संग्राम की अवधि में ही लाखों भारतीय रोजी-रोटी की फिराक में मॉरीशस, फीजी, सूरीनाम, ट्रिनिडाड, गुयाना, अफ्रीका, ब्रिटेन, कनाडा, अमेरिका, एशिया तथा यूरोप के अनेक देशों में जाकर बस गए। इन लाखों-लाखों प्रवासी भारतीयों के साथ उनकी भाषा हिन्दी भी सहजभाव से उन देशों में फैलने लगी।

यदि हम वर्तमान में हिन्दी भाषा के प्रचार-प्रसार की सीमा में आनेवाले क्षेत्र पर विचार करें तो यह संसार की सबसे बड़ी दूसरी भाषा के रूप में भाषिक संसार के मंच पर उभरती है। एक मोटे अनुमान के आधार पर हिन्दी भाषा को अपनानेवालों की भारतवासियों की संख्या लगभग 44 या 45 करोड़ मानी जाती है और विदेशों में हिन्दी बोलनेवालों तथा समझनेवालों की संख्या लगभग 6 या 7 करोड़ मानी जाती है। इस प्रकार हिन्दी बोलनेवालों की संख्या संसार में 50 करोड़ से ऊपर मानी जाती है। वर्तमान संसार के लगभग सभी महाद्वीपों, उपमहाद्वीपों के देशों में हिन्दी भाषा का औपचारिक तथा अनौपचारिक स्तरों पर अध्ययन-अध्यापन प्रारम्भ हो चुका है। एक मोटे अनुमान के आधार पर संसार के लगभग 33 देशों में हिन्दी विश्वविद्यालय स्तर पर पढ़ाई सिखाई जा रही है। साथ ही विभिन्न सामाजिक, सांस्कृतिक संस्थाएँ भी अपनी-अपनी सामर्थ्य सीमाओं के अन्तर्गत हिन्दी के अध्ययन-अध्यापन में सक्रिय हैं। हिन्दी के अध्ययन-अध्यापन में संलग्न विश्व-देशों के विश्वविद्यालय और उनके विविध सामाजिक, सांस्कृतिक, स्वैच्छिक संगठनों का संक्षिप्त विवरण अगले पृष्ठों में प्रस्तुत किया जा रहा है।

विदेशों से निकलने वाली हिन्दी की पत्र-पत्रिकाएँ

1. चीन

चीन सचित्र—यह चीन से निकलनेवाला एक मात्र हिन्दी मासिक पत्र है, जो चीन से सम्बंन्धित सूचनाएँ संसार के देशों को देता है। संसार की 19 भाषाओं में यह एक साथ प्रकाशित हुआ करता है। इस पत्र का मुद्रण एवं प्रकाशन पेकिंग नामक स्थान से होता है। हिन्दी का यह चीन सचित्र नामक पत्र गत कुछ वर्षों से हिन्दी में प्रकाशित नहीं हो रहा है। इस पत्र में सन् 1957 से चीन के समाज, संस्कृति, साहित्य, दर्शन और राजनीति के एकाधिक पक्षों से हिन्दी भाषा के माध्यम से भारतीय पाठकों को परिचित कराया जाता है। इसका जिस समय प्रकाशन हुआ, उस समय कोई 'चीनी-हिन्दी शब्दकोश' उपलब्ध नहीं था। सन् 1957 से 1962 का अन्तराल इस पत्रिका का स्वर्ण-काल कहा जाता है। उस समय इस पत्रिका की पाँच हजार प्रतियाँ हिन्दी भाषा में निकलती थीं। सांस्कृतिक क्रांति के काल में नौ हजार प्रतियाँ निकलती थीं। विस्मयकारी तथ्य यह है कि इस मासिक 'चीन सचित्र' पत्र का प्रकाशन उस समय भी निरंतर होता रहता था, जब चीन और भारतवर्ष के संबंध उतने मैत्रीपूर्ण नहीं थे। जबकि उस काल में इंडोनेशियाई, वियतनामी तथा अन्य भाषाओं में इसका प्रकाशन बन्द कर दिया गया था। माओत्सेतुंग के बाद सन् 1977 से चीन में खुले द्वार की नीति का एक नया अभियान प्रारम्भ हुआ, जिसके परिणामस्वरूप भारत-चीन के मैत्री संबंध सुधरने लगे। परिणामस्वरूप प्रकाशित प्रतियों की संख्या धीरे-धीरे बढ़ने लगी। साथ ही साथ भारतवर्ष से संबंधित विविध लेख भी प्रकाशित होने लगे। इस शृंखला में जापान-विरोधी आक्रमण के विरुद्ध भारतीय मेडिकल मिशन के सदस्य डॉ. कोटनीश की अन्तरराष्ट्रीय धारणाओं से परिचित करानेवाले बहुत-से निबंध प्रकाशित हुए। उस समय तक चीन सचित्र की

हिन्दी भाषा में 12000 प्रतियाँ प्रकाशित होने लगी थीं, जो भारत के बाहर नेपाल, पाकिस्तान, फीजी, हांगकांग में वितरित हुआ करती थीं।

2. सोवियत संघ (तत्कालीन सोवियत संघ)

(1) **सोवियत नारी**—मास्को से प्रकाशित होनेवाली यह दूसरी मासिक पत्रिका है। इसकी प्रधान सम्पादिका व. ई. फेरोतोवा तथा हिन्दी संस्करण के सम्पादक श्री ई. पा. गोलुबेन हैं। इसका प्रकाशन संसार की लगभग 20 भाषाओं में एक साथ होता है। 'सोवियत नारी' में जीवन का विशट् और मनोरम चित्रण प्रस्तुत किया जाता है।

(2) **सोवियत संघ**—मास्को में एक 'हिन्दी प्रकाशन गृह' कार्यरत है। यहीं से सोवियत संघ नाम की मासिक पत्रिका का प्रकाशन होता है। यह एक सचित्र पत्र है जो भारत सोवियत सम्बन्धों पर लेखमालाएँ प्रस्तुत करता रहता है। यह मासिक पत्र हिन्दी के साथ-साथ संसार की अन्य 20 भाषाओं में भी एक साथ प्रकाशित होता है।

(3) **भारतभूमि**—3 मई, 1995 हिन्दुस्तान टाइम्स में छपी पी. टी. आई. की सूचना के अनुसार मास्को में प्रवास कर रहे भारतीय समाज के लिए इस मासिक पत्रिका का प्रकाशन शुरू किया गया है। मास्को विद्यालय में कम्प्यूटर विज्ञान के 3 भारतीय छात्रों प्रसन्न वर्मा, दिनेश त्रिपाठी और सुजीत बनर्जी के सतत सद् प्रयासों का सुपरिणाम है जो प्रस्तुत पत्रिका के मुद्रण और प्रकाशन पर अपनी ओर से 500 US$ (डॉलर) खर्च करते रहे हैं।

(4) **भारत दर्पण**—यह एक और समाचार पत्र है, जिसका अक्टूबर 1995 से प्रकाशन प्रारम्भ हुआ है।

3. जापान

(1) **ज्वालामुखी**—जापान का प्रथम हिन्दी पत्र है। जिसका प्रथम अंक सितम्बर, 1980 में टोकियो से प्रकाशित हुआ। इसके सम्पादक प्रो. कोकिनागा के शिष्य श्री योशिअकि सुजुकि हैं। यह पत्रिका श्री सुजुकि ने अपने स्वयं के साधनों से निकाली। इसमें जापानी हिन्दी विद्वानों की रचनाएँ छपती थीं। अब यह पत्रिका बन्द हो चुकी है।

(2) **अंक**—यह पत्र सन् 1964 से जापान से प्रकाशित हो रहा है। इसके अब तक 21 अंक निकल चुके हैं।

(3) **सर्वोदय**—भारत-जापान मित्रता का यह प्रमुख मासिक पत्र है। प्रमुख रूप से यह धार्मिक पत्र है, परन्तु इसमें हिन्दी से सम्बन्धित सामग्री भी

प्रकाशित होती रहती है। कहने की आवश्यकता नहीं है कि जापान से प्रकाशित होनेवाले सभी पत्र जापानी से अनूदित सामग्री ही प्रदान करते हैं।

4. कनाडा

(1) **भारती**–यह एक मासिक पत्रिका है। इसका प्रकाशन टोरंटो से 1975 से त्रिलोचन सिंह गिल के सम्पादन में फोटो स्टेट पद्धति से मुद्रण हो रहा है। इस पत्रिका में हिन्दी और अंग्रेजी दोनों भाषाओं में सामग्री रहती है।

(2) **जीवन ज्योति**–यह मासिक पत्रिका है। नवम्बर 1982 से निरन्तर टोरंटो से प्रकाशित हो रही है। इसके सम्पादक विख्यात प्रवासी संगीतकार तथा हिन्दी कवि प्रोफेसर हरिशंकर आदेश हैं।

(3) **विश्व भारती**–यह एक पाक्षिक पत्र है। इसके सम्पादक रघुवीर सिंह हैं। यह पत्रिका कनाडा में राष्ट्रभाषा हिन्दी और भारतीय संस्कृति की संवाहिका के रूप में जानी मानी जाती है। यह पत्रिका मैकगिल विश्वविद्यालय कनाडा से प्रकाशित होती है। हिन्दी पाक्षिक पत्रिका 'विश्व भारती' राष्ट्रभाषा हिन्दी एवं भारतीय संस्कृति की संवाहिका के रूप में कीर्ति अर्जित कर चुकी है। इसके माध्यम से पाठकों को देश के तीज-त्योहारों, पर्वों, धार्मिक महत्त्व के समाचारों और अच्छी साहित्यिक सामग्री पढ़ने को मिला करती हैं। इसमें हिन्दी सिखाने का एक स्थायी स्तम्भ भी रहता है।

(4) **संगम** नाम का पाक्षिक पत्र टोरंटो से कई वर्षों से प्रकाशित हो रहा है।

5. इंग्लैंड

(1) **प्रवासिनी** (त्रैमासिक)–जगदीश मित्र कौशल के सम्पादन में लन्दन से इस पत्र का प्रकाशन तथा ऑफसेट प्रणाली से मुद्रण होता था। सामाजिक चेतना की ध्वनि इस पत्र की प्रमुख विशेषता थी। सन् 1964 से एक हिन्दी त्रैमासिकी प्रवासिनी का प्रकाशन किया गया। इसके सम्पादक श्री धर्मेन्द्र गौतम हैं। इस पत्र के कई विशेषांक निकल चुके हैं। लंदन में स्थापित हिन्दी प्रचार परिषद् की यह मुख पत्रिका है।

(2) **हिन्दोस्थान**–विश्व में इंग्लैंड ही पहला देश है जहाँ से कालाकांकर नरेश, राजा रामपाल सिंह के संपादन में इस पत्र का प्रकाशन हुआ, जिसका भारतीय स्वतंत्रता संग्राम में अभूतपूर्व योगदान रहा।

(3) **वैदिक पब्लिकेशन**–हिन्दोस्थान पत्र के बाद इंग्लैंड से आर्यसमाज के इस मुख पत्र का प्रकाशन प्रारम्भ हुआ।

(4) **अमर द्वीप**–इंग्लैंड से प्रकाशित।

6. मॉरीशस

1. हिन्दोस्तानी
2. मॉरीशस आर्य पत्रिका
3. आर्यवीर (द्विभाषिक)
4. सनातन धर्म पताका
5. वसंत (मासिक)
6. बाल सखा
7. प्रकाश (वार्षिक)
8. आभा
9. दर्पण
10. ऑरियंटल गजट
11. मॉरीशस इण्डियन टाइम्स
12. मॉरीशस मित्र
13. सनातन धर्मान्त (द्विमासिक)
14. इण्डियन कल्चर रिवेन्यू
15. मासिक चिट्ठी
16. आर्यवीर जाग्रत (दैनिक)
17. जनता
18. जमाना
19. आर्योदय (वैदिक धर्म और हिन्दी सेवा को समर्पित)
20. मजदूर
21. नवजीवन
22. अनुराग (त्रैमासिक)
23. समाजवाद
24. शिवरात्रि (वार्षिक)
25. रण-भेरी (त्रैमासिक)

वसंत विशेषताएँ—यह मासिक पत्र महात्मा गाँधी संस्थान के तत्वावधान में प्रकाशित पूर्ण साहित्यिक धारा का पत्र है। इसमें नवोदित रचनाकारों को प्रमुख स्थान

मिलता है। इसका एक कहानी विशेषांक पर्याप्त कीर्ति प्राप्त कर चुका है। विश्व देशों के हिन्दी पत्रों में वसंत का स्थान अपना विशेष महत्त्व रखता है तथा इसका स्तर भारतीय श्रेष्ठ पत्रों के समकक्ष है।

7. फीजी

1. फीजी समाचार
2. वैदिक सन्देश
3. किसान
4. दीन बन्धु
5. प्रकाश
6. जय फीजी (लोकप्रिय साप्ताहिक)
7. किसान मित्र
8. फीजी संदेश
9. फीजी वृत्तान्त (फीजी के सूचना मन्त्रालय द्वारा प्रकाशित)
10. शंख (फीजी के मन्त्रालय द्वारा प्रकाशित)
11. भारत पुत्र
12. बुद्धि
13. बुद्धि-वाणी
14. सनातन धर्म
15. 'सेटलर' का हिन्दी अनुवाद (साइक्लोस्टाइल रूप में)
16. शान्ति दूत (साप्ताहिक) इसका प्रकाशन स्तर भारतीय पत्रों के समकक्ष ही है।
17. ज्ञान
18. तारा
19. पुस्तकालय
20. प्रवासिनी
21. जंजाल
22. सनातन प्रकाश
23. मजदूर
24. जाग्रत—पहले अर्द्ध साप्ताहिक बाद में साप्ताहिक
25. आवाज (साप्ताहिक)

26. झंकार (साप्ताहिक)
27. राजदूत (राजकीय प्रकाशन)
28. विजय।

8. सूरीनाम

1. आर्य दिवाकर (आर्य समाज द्वारा प्रकाशित)
2. वैदिक सन्देश
3. भारतोदय (निकेरी शहर से प्रकाशित) इसके लिए भारतोदय प्रेस की स्थापना हुई परन्तु आर्थिक कठिनाइयों के कारण प्रेस तथा पत्रिका दोनों ही अकाल ही काल कवलित हो गए।
4. धर्म प्रकाश
5. प्रेम सन्देश (मासिक) प्रकाशन साइक्लोस्टाइल पद्धति से।
6. शान्ति दूत (साइक्लोस्टाइल पद्धति से)
7. प्रकाश–(गाँधी सांस्कृतिक भवन में शांति दल द्वारा प्रकाशित साप्ताहिक)
8. विकास
9. सरस्वती (मासिक)–यह साहित्यिक पत्र है और वहाँ स्थापित सरस्वती प्रेस से प्रकाशित होता है।

9. गयाना

1. ज्ञानदा (एकमात्र सर्वोत्तम मासिक पत्र साइक्लोस्टाइल से)
2. आर्य ज्योति (आर्यसमाज द्वारा प्रकाशित)
3. अमर ज्योति (सनातन धर्म सभा द्वारा प्रकाशित)
4. भारत समाचार–गयाना से प्रकाशित होनेवाली एक प्रमुख पत्रिका है, जिसमें लगभग 25 प्रतिशत हिन्दी सामग्री समाहित रहती है।

10. त्रिनिडाड

1. **ज्योति** (मासिक पत्रिका)–इसका सर्वप्रथम प्रकाशन कार्य, 1968 में हुआ है। और इस मासिक पत्रिका की प्रकाशक संस्था थी जीवन ज्योति प्रकाशन। पहले यह पत्र हिन्दी शिक्षा संघ द्वारा प्रकाशित किया जाता था। जब से संघ बन्द हुआ है, तब से यह भारतीय विद्या संस्थान के मुख पत्र के रूप में प्रकाशित हो रहा है।
2. **कोहेनूर अखबार** (अब बन्द है।)

11. दक्षिणी अफ्रीका

1. **इण्डियन ऑपिनियन**—इसका साप्ताहिक हिन्दी संस्करण सर्वप्रथम 1903 में प्रकाशित हुआ। यह डरबन से 13 मील दूर फिनिक्स आश्रम से प्रकाशित होता था। और श्री मदनजीत के प्रेस में मुद्रित होता था। गाँधीजी की इस पर बड़ी कृपा थी। इसके प्रथम सम्पादक श्री मनसुखलाल नाजर की मृत्यु के बाद गाँधीजी के अंग्रेज मित्र श्री हर्बर्ट किचन्ड और उनके बाद श्री हेनरी एस. एल. पोलक इसके सम्पादक रहे थे। अब यह पत्र बन्द हो चुका है।
2. **हिन्दी**—यह पत्र 5 मई, 1922 को एक साप्ताहिक पत्र के रूप में निकला जिसके प्रथम सम्पादक पण्डित भवानी दयाल संन्यासी थे। इस पत्र से दक्षिणी अफ्रीका में हिन्दी प्रचार-प्रसार को खूब बढ़ावा मिला।

12. बर्मा

1. **आर्य युवक** जाग्रत मासिक पत्रिका है।
2. **'बर्मा समाचार'**—श्री लाठिया ने इस पत्र का सबसे पहले प्रकाशन कर बर्मा में हिन्दी प्रकाशन की शुरुआत की। यह मासिक पत्रिका सन् 1970 में प्रकाशित हुई, जो उस काल के बाद बन्द हो गई।
3. **प्राची कलस**—यह मासिक पत्र कुछ वर्ष तक प्रकाशित होकर बन्द हो गया। सन् 1934 ईसवी में हिन्दी दैनिक के रूप में 'प्राची प्रकाश' प्रकाशित हुआ। इसके सम्पादक श्री श्यामाचरण मिश्र और संस्थापक श्री अनंतराम मित्र थे।
4. **प्रवासी**—इस पत्र के श्री श्यामाचरण मिश्र ही संस्थापक प्रकाशक और सम्पादक थे। प्रवासी साप्ताहिक पत्रिका है।
5. **नवजीवन**—इस दैनिक पत्र का प्रकाशन श्री रामप्रसाद वर्मा ने सन् 1951 में प्रारम्भ किया। जो धनाभाव के कारण बन्द हो गया।
6. **ब्रह्मभूमि**—इस मासिक पत्र का प्रकाशन सन् 1953 में प्रारम्भ हुआ। इसके प्रकाशक श्री ब्रह्मानन् और सम्पादक श्री रामप्रसाद वर्मा हैं। रंगून से यह पत्रिका अभी तक प्रकाशित हो रही है। बर्मा में इस पत्रिका के माध्यम से अभी तक हिन्दी पत्रिका की ज्योति जल रही है।
7. **जाग्रत**—इस नाम के पत्र का भी कुछ समय तक बर्मा में प्रकाशन हुआ।
8. **प्राची प्रकाश**—दैनिक।
9. **विश्वदूत**—साप्ताहिक पत्रिका है।

13. नेपाल

1. **नेपाली**—काठमांडु से इस हिन्दी दैनिक का प्रकाशन सन् 1956 से हो रहा है। सम्पादक श्री उमाकांत दास हैं। इस पत्र में राजनैतिक समाचारों की प्रधानता रहती है, लेकिन कभी-कभी हिन्दी की रचनाएँ भी प्रकाशित हो जाती हैं।
2. **साहित्य-लोक**—यह पत्र त्रिभुवन विश्वविद्यालय के हिन्दी विभाग से सन् 1980 से डॉ. कृष्णचन्द्र मिश्र के सम्पादन में प्रकाशित हो रहा है। 'ज्योति' भी एक पूर्ण साहित्यिक पत्रिका है।
3. **प्रतीक**—सम्पादक आर. डी. शर्मा जी. पी. ओ. (बाक्स) 235 काठमांडू नेपाल।
4. **आरोहण**—उक्त दोनों लघु-पत्र नेपाल से येन-केन-प्रकारेण प्रकाशित हो रहे हैं।

14. हॉलैंड

1. **लल्ला रुख**—नाम की एक लघु पत्रिका भारतवंशियों की इसी नाम की प्रमुख संस्था द्वारा प्रकाशित होती है। डॉ. जे. पी. कोलैश्वर सुकुल इस पत्र के माध्यम से हिन्दी सेवा का अभियान चलाए हुए हैं। इस पत्रिका में धार्मिक, सामाजिक और सांस्कृतिक सामग्री प्रकाशित होती रहती है।

15. संयुक्त राज्य अमेरिका

1. **सौरभ**—अमेरिका में रहनेवाले भारतीय परिवारों के लोगों में हिन्दी को पारस्परिक बोलचाल की भाषा बनाने के लिए न्यूयॉर्क में एक 'विश्व हिन्दी समिति' कार्यरत है। यह समिति अमेरिका में रह रहे भारतीय परिवारों के सदस्यों को घर-परिवारों में हिन्दी और अन्य भारतीय भाषाओं में भी बातचीत करने के लिए प्रेरित करती है। इस समिति द्वारा उक्त त्रैमासिक पत्रिका का प्रकाशन किया जाने लगा है।
2. **भारत समाचार**—साप्ताहिक हिन्दी पत्रिका 26 जनवरी, 1985 विश्व सेवाश्रम न्यूयॉर्क से प्रकाशित इस पत्रिका में भारत देश से संबंधित समाचार निबन्ध, कहानी, कविता आदि सामग्री प्रकाशित होती है।
3. **भारत-भारती**—द्वैमासिक हिन्दी पत्रिका का प्रकाशन इलीनॉय राज्य के प्रसिद्ध नगर शिकागो से जनवरी 1984 से हो रहा है। यह पत्रिका नवोदित क्षेत्रीय हिन्दी लेखकों को मंच प्रदान करती है। इसमें कविता, लघु

कहानी, शिक्षाप्रद निबन्ध, बच्चों की शिक्षण सामग्री समाहित रहा करती है। इसका प्रकाशन 1984 में स्थापित हिन्दी साहित्य सभा द्वारा किया जाता है।

16. यू. के.

हिन्दी—हिन्दी समिति यू. के. की एक प्रमुख संस्था है। श्री प्रेमचन्द सूद इसके संस्थापक एवं अध्यक्ष हैं। इस समिति द्वारा ही उक्त त्रैमासिक पत्रिका का प्रकाशन किया जाता है। इस हिन्दी त्रैमासिक का पहला अंक जुलाई 1990 में निकला। इसका प्रकाशन यू. के. में कार्यरत हिन्दी समिति द्वारा किया जाता है।

17. नार्वे

1. **शान्ति दूत**—यह द्वैमासिक पत्रिका है जिसमें विविध देशों के हिन्दी विद्वानों की विविध विषयों पर रचनाएँ प्रकाशित हुआ करती हैं। इसके सम्पादक श्री अमित जोशी हैं।
2. **अप्रवासी टाइम्स**—नार्वे से निकलनेवाली हिन्दी की दूसरी पत्रिका है।
3. **त्रिवेणी**—'शान्ति दूत' के समकक्ष ही नार्वे से निकलनेवाली 'त्रिवेणी' प्रमुख हिन्दी पत्रिका है। यह नई पत्रिका है और इसके सम्पादक श्री कैलाशराय हैं। पत्रिका की ख्याति विकासोन्मुख है। इस पत्रिका में स्थानीय समाचार और हिन्दू धर्म सम्बन्धी लेखों को वरीयता प्रदान की जाती है।

विदेशी प्रकाशन गृह की स्थापना 1 जुलाई, 1952 को हुई। यह प्रकाशन गृह विश्व की 25 भाषाओं में पुस्तकों का प्रकाशन का कार्य संचालन करता है। हिन्दी भाषा में प्रकाशन एवं अध्ययन विभाग उसी का एक अंग है। जिसकी स्थापना सन् 1955 में की गई थी। श्ये वाङ फान ली चुङ ई. लिन फूची, श्रीमती शी पी च्वाङ, मा च्येन ची और श्रीमती ये युङफन, विभाग के संस्थापकों में से हैं। 1980 से 1986 के अन्तरिम काल में इस विभाग में 16 हिन्दी विद्वान कार्यरत थे। जब कि आजकल इस विभाग में मात्र 7 हिन्दी विद्वान ही काम कर रहे हैं। ये सातों हिन्दी विद्वान् जवाहरलाल नेहरू विश्वविद्यालय नई दिल्ली के हिन्दी विभाग में अध्येता रह चुके हैं। विभाग की स्थापना से लेकर आज तक यह विभग 600 से अधिक पुस्तकों का प्रकाशन कर चुका है। विभाग द्वारा प्रकाशित पुस्तकों को मुख्य रूप से छह शीर्षकों में विभाजित किया जा सकता है।

1. चीन गणराज्य के विषय में आधारभूत जानकारी। जिसके अन्तर्गत चीन

एक झलक, चीन-शिक्षा विज्ञान संस्कृति, चीन का संक्षिप्त इतिहास, अफीम युद्ध से मुक्ति तक नाम की पुस्तकें विशेष रूप से उल्लेखनीय हैं।

2. समकालीन चीन—इस पुस्तकमाला में क्रमशः अनेक पुस्तकों का प्रकाशन हुआ है जो चीन के जनजीवन के विविध पहलुओं पर प्रकाश डालती हैं। इस पुस्तकमाला के अन्तर्गत प्रकाशित पुस्तकों के नाम और उनकी विषयवस्तु इस प्रकार है—

1. जनसंख्या एवं अन्य समस्याएँ—इसमें परिवार-नियोजन, आवास और रोजगार सम्बन्धी सूचनाएँ हैं।
2. आम लोगों की जिन्दगी—इस पुस्तक में चीन की सामान्य जनता के सोच-विचार से परिचित कराया गया है। साथ ही जनसाधारण की समस्याओं एवं चिन्ताओं की खुली चर्चा की गई है।
3. युवावस्था से सेवा निवृत्ति तक—नाम की पुस्तक में चीन में विवाह, पारिवारिक स्वरूप तथा सेवा निवृत्ति के उपरान्त के जीवन की झाँकी प्रस्तुत की गई है।
4. आधुनिकीकरण चीन का रास्ता—प्रस्तुत पुस्तक के माध्यम से यह अवगत कराया गया है कि 1979 से चीन के निवासी कृषि, उद्योग, राष्ट्रीय सुरक्षा, विज्ञान एवं तकनीक के आधुनिकीकरण में किस प्रकार सहयोग दे रहे हैं।

3. राजनीति से सम्बंन्धित प्रकाशन—इसके अन्तर्गत चीन लोक-गणराज्य का संविधान चीनी कम्युनिस्ट पार्टी के इतिहास पर एक प्रस्ताव, चीन कम्युनिस्ट पार्टी की 12वीं राष्ट्रीय कांग्रेस, चीन के आर्थिक ढाँचे में सुधार, माओत्सेतुंग की संकलित रचनाएँ (चार खण्डों में) अच्छे कम्युनिस्ट कैसे बनें आदि पुस्तकें गिनाई जा सकती हैं।

4. साहित्य से सम्बंन्धित पुस्तकें—इस वर्ग के अन्तर्गत आनेवाली पुस्तकें हैं—माओत्सेतुंग की कविताएँ, लू शुन की चुनी हुई समकालीन चीनी लेखिकाओं की रचनाएँ टी हाउस आदि।

5. लोक साहित्य के अन्तर्गत चीन की प्राचीन नीति कथाएँ, पश्चिमी झील की लोक-कथाएँ, आफंती के किस्से आदि।

बाल साहित्य के अन्तर्गत ये शङ्थाओ की बाल कथाएँ, नन्हे गुदड़ी लाल के साहसिक कारनामे, जादू की तुंबी आदि-आदि।

बाल-चित्र कथा में व्यापक तौर पर—

1. चीनी बाल-कथा माला शृंखला।
2. चीन की बाल-नीति कथाएँ।
3. ल्याओचाए सदन की विचित्र कथाओं के आधार पर रूपांतरित पुस्तक-माला।
4. पश्चिम की तीर्थ-यात्रा पर आधारित 'दिव्य वानराज' धारावाहिक चित्र

कथा सम्मिलित है।

6. अन्य प्रकाशन में लम्बे अभियान के उपाध्यक्ष चाव-ऐन-लाइ के साथ, महान् स्वतंत्रता सेनानी डॉ. कौटनिश की स्मृति में आदि पुस्तकों का उल्लेख किया जाता है।

इसके अतिरिक्त महाथाङकाल में पश्चिम की तीर्थ यात्रा का वृत्तांत, चीन की ऐतिहासिक कहानियाँ, माओत्सेतुंग जीवनी, चीन की अल्पसंख्यक जातियों के रीति-रिवाज अथवा परम्पराएँ आदि विषयों पर प्रकाशन कार्य हुआ है।

चीनी समाज विज्ञान अकादेमी की शोध इकाई एशिया-प्रशान्त अध्ययन संस्थान के दक्षिण एशियाई इतिहास, दर्शन तथा धर्म विभाग में भारतवर्ष से सम्बंन्धित अनुसन्धान कर्ता शोधरत थे, जो भारतवर्ष के इतिहास, दर्शन, धर्म, संस्कृति, साहित्य, पांडुलिपियों और बौद्ध ग्रन्थों का अनुशीलन कर रहे थे। इसके साथ ही वे अनुसंधान कर्ता पौर्वात्य तथा पाश्चात्य धर्मों तथा संस्कृतियों का तुलनात्मक विश्लेषण कार्य कर रहे थे। भले ही यहाँ पर हिन्दी भाषा में लेखन कार्य न होता हो, फिर भी यहाँ पर अनुसंधान करनेवाले सभी लोगों को हिन्दी भाषा का समुचित ज्ञान होता है। संस्थान के अध्यक्ष हुआङ शिचुङ ने विवेकानन्द का दर्शन नामक पुस्तक तैयार कर विवेकानन्द के दर्शन और विचारों से चीनी भाषी समाज को अवगत कराया है। इसी क्रम में कालिदास के अभिज्ञान शाकुन्तलम्, पतंजलि के पतंजलि योग-सूत्र, रवीन्द्रनाथ टैगोर की गीतांजलि और भारतीय परंपरा पर पर्याप्त अनुसन्धान कार्य हुआ है। इस विभाग के प्रधान कुङ चिङ तथा उपप्रधान वाङ शूइंग थे।

रेडियो पीचिंग में सन् 1959 से ही हिन्दी भाषा में प्रसारण कार्य हो रहा है। भारत और चीन की जनता के मध्य सीधा संबंध सूत्र रेडियो पीचिंग द्वारा स्थापित किया जा चुका है। भारतवासियों में रेडियो पीचिंग के श्रोताओं की संख्या निरंतर बढ़ रही है।

हिन्दी साहित्य—चीनी में इस नाम की पुस्तक का प्रकाशन 1985 में हुआ। इस पुस्तक में भारतेन्दु हरिश्चन्द्र, महावीर प्रसाद द्विवेदी, जयशंकर प्रसाद, प्रेमचन्द, सुमित्रानन्दन पंत, सूर्यकान्त त्रिपाठी निराला और महादेवी वर्मा जैसे हिन्दी के मूर्धन्य साहित्यकारों की रचनाएँ सम्मिलित हैं। इन लेखकों की रचनाओं का चीन में अच्छा स्वागत हुआ है।

शिवदान सिंह चौहान, डॉ. रामविलास शर्मा, डॉ. प्रकाशचन्द्र गुप्त आदि विख्यात निबन्धकारों की रचनाएँ भी हिन्दी के साहित्यिक निबन्धों के संग्रह के रूप में प्रकाशित की जा चुकी हैं। चीनी विश्वकोश के विदेशी साहित्य खण्ड में हिन्दी के बीस सुप्रसिद्ध साहित्यकारों का परिचय सम्मिलित है। जिनमें मैथिल कोकिल विद्यापति, राम काव्य सम्राट तुलसीदास, सूरकाव्य शिरोमणि सूरदास, महात्मा कबीरदास, मलिक मुहम्मद जायसी, कृष्ण भक्ति कवि मीराबाई, आचार्य कवि

केशवदास, भारतेन्दु बाबू हरिश्चन्द्र, मैथिलीशरण गुप्त, आचार्य रामचन्द्र शुक्ल, जयशंकर प्रसाद, सुमित्रानन्दन पंत, सूर्यकान्त त्रिपाठी निराला, वृंदावनलाल वर्मा, पांडेय बेचन शर्मा उग्र, पंडित हजारीप्रसाद द्विवेदी, मुंशी प्रेमचन्द, राहुल सांकृत्यायन, जैनेन्द्र कुमार और यशपाल सम्मिलित हैं। चीन के हिन्दी पाठकों के लिए 'हिन्दी साहित्य का इतिहास' भी प्रकाशित किया जानेवाला है।

हिन्दी के प्रचार-प्रसार का कार्य चीन में मुख्य रूप से तीन संस्थाओं की देख-रेख में चल रहा है।

1. विदेशी भाषा प्रकाशनगृह
2. रेडियो पीचिंग
3. चीन सचित्र

1. यू.एस.एस.आर. (तत्कालीन सोवियत संघ)

1. इंस्टीट्यूट ऑफ़ एशियन एंड अफ्रीकन कंट्रीज़, मास्को स्टेट यूनिवर्सिटी, मास्को।
2. लेनिनग्राड स्टेट यूनिवर्सिटी, लेनिनग्राड।
3. ताशकंद स्टेट यूनिवर्सिटी, ताशकंद।
4. ताजीक स्टेट यूनिवर्सिटी, ताजीक।

2. यू.एस.ए. (संयुक्त राज्य अमेरिका)

1. यूनिवर्सिटी ऑफ केलिफोर्निया, लॉस एंजिलिस, केलिफोर्निया-90024
2. स्टेनफोर्ड यूनिवर्सिटी, स्टेनफोर्ड, केलिफोर्निया-94305
3. अमेरिकन यूनिवर्सिटी, वाशिंगटन डी.सी.-20016
4. यूनिवर्सिटी ऑफ़ हवाई-मोनोआ, हानोलूलू, हवाई-96822
5. यूनिवर्सिटी ऑफ़ इलिनॉय, शिकागो, शिकागो, इलिनॉय-60680
6. यूनिवर्सिटी ऑफ़ इलिनॉय एट अरबाना, शेमपेन, इलिनॉय - 61020
7. यूनिवर्सिटी ऑफ़ मिशिगन, एन आर्बर, मिशिगन-18109
8. यूनिवर्सिटी ऑफ़ मिनिसोटा, मिनिआपॉलिस, मिनिसोटा-55414
9. यूनिवर्सिटी ऑफ़ मिस्सौरी, कोलंबिया, मिस्सौरी-65211
10. कार्नेल यूनिवर्सिटी, इटाचा/इथाका, न्यूयॉर्क-14852
11. स्टेट यूनिवर्सिटी ऑफ़ न्यूयॉर्क, बुफेलो, न्यूयॉर्क-14260
12. स्टेट यूनिवर्सिटी ऑफ़ न्यूयॉर्क, ओनिओनटा, न्यूयॉर्क-13210
13. सिराक्स यूनिवर्सिटी, सिराक्स, न्यूयॉर्क-13210
14. ड्यूक यूनिवर्सिटी, डरहम, नार्थ केरोलीना - 27706

15. केंट स्टेट यूनिवर्सिटी, केंट, ओहिओ-44242
16. यूनिवर्सिटी ऑफ़ पीट्सबर्ग, पीट्सबर्ग पेनिसिलवेनिया-15260
17. ब्राउन यूनिवर्सिटी, प्रॉविडेंस, र्होड आयलैंड-02912
18. यूनिवर्सिटी ऑफ़ टेक्सस एट ऑस्टिन, ऑस्टिन, टेक्सस-78712
19. यूनिवर्सिटी ऑफ़ वर्जीनिया, चार्लोटिस विले, वर्जीनिया-22903
20. यूनिवर्सिटी ऑफ़ वॉशिंगटन, सीटल, वॉशिंगटन-98195
21. यूनिवर्सिटी ऑफ़ विस्कॉनसिन एट, मेडिसन, मेडिसन, विस्कॉनसिन

3. जापान

1. टोकियो यूनिवर्सिटी ऑफ़ फ़ारेन स्टडीज़, टोकियो
2. क्योटो यूनिवर्सिटी, क्योटो
3. टोकाई यूनिवर्सिटी
4. ताइशो यूनिवर्सिटी
5. ओटेमन गैकुइन यूनिवर्सिटी
6. ताकाशेका यूनिवर्सिटी
7. ओसाका यूनिवर्सिटी फ़ार फ़ारेन स्टडीज़, 2734, आओमदानी, ऊआज़ा, मिनू-शि-ओसाका-562
8. ओहतानी यूनिवर्सिटी, केमिफ्यूरा, चोकोयामा किटेक्ट, क्योटा-शि-603
9. कन्साई यूनिवर्सिटी फ़ॉर फ़ॉरेन स्टडीज़, 16-1, किताकाताहिके-शि, हिराकता-शि-ओसाका-573
   पी.एस. एशिया यूनिवर्सिटी, 5-24-10 साकाई, मुसाशीनो-शी, टोकियो।

4. (एफ.आर.जी.) जर्मन संघीय गणराज्य (पश्चिमी जर्मनी)

1. यूनिवर्सिटी ऑफ़ मार्बर्ग, मार्बर्ग
2. यूनिवर्सिटी ऑफ़ मेन्ज़, मेन्ज़
3. यूनिवर्सिटी ऑफ़ जोटिंगन, जोटिंगन
4. यूनिवर्सिटी ऑफ़ बॉन, बॉन
5. यूनिवर्सिटी ऑफ़ ट्यूबिंजन, ट्यूबिंजन
6. यूनिवर्सिटी ऑफ़ म्युन्चन, म्युन्चन
7. यूनिवर्सिटी ऑफ़ बोचम, बोचम
8. यूनिवर्सिटी ऑफ़ हैमबर्ग, हैमबर्ग

5. (जी.डी.आर.) जर्मन लोकतांत्रिक गणराज्य (पूर्वी जर्मनी)

1. हम्बोल्ट यूनिवर्सिटी, बर्लिन
2. कार्लमार्क्स यूनिवर्सिटी, लेगपिग

6. कनाडा

1. यूनिवर्सिटी ऑफ़ ब्रिटिश कोलंबिया, वेनकॉवर
2. यूनिवर्सिटी ऑफ़ टोरोन्टो
3. यूनिवर्सिटी ऑफ विंडसर
4. मैकगिल यूनिवर्सिटी, मॉन्ट्रीयल
5. यूनिवर्सिटी ऑफ़ रेगीना, लूथर कॉलेज

7. (यू.के.) यूनाइटेड किंगडम

1. लंडन यूनिवर्सिटी
2. कैंब्रिज यूनिवर्सिटी
3. यार्क यूनिवर्सिटी

8. पोलैंड

1. यूनिवर्सिटी ऑफ़ वॉर्सा, वॉर्सा
2. जेजिलोनियन यूनिवर्सिटी, क्राकोव
3. मिकीनीज़ यूनिवर्सिटी, पोयनम

9. हॉलैंड (नीदरलैंड)

1. यूनिवर्सिटी ऑफ़ लीडेन
2. यूनिवर्सिटी ऑफ़ उत्रेच

10. फिनलैंड

1. यूनिवर्सिटी ऑफ हेलिसिंकी, हेलिसिंकी

11. फ्रांस

1. यूनिवर्सिटी ऑफ़ पेरिस, पेरिस-111
2. इंस्टीट्यूट ऑफ लिंग्विस्टिक्स एंड एनथ्रोपॉलॉजी यूनिवर्सिटी ऑफ़ सेंट डेविस, रियूनियन आइलैंड्स।

12. गयाना

1. यूनिवर्सिटी ऑफ़ गयाना, जार्जटाउन

13. हंगेरी

1. डिपार्टमेंट ऑफ इंडो-यूरोपियन लैंगवेजिज़ इओटवस लॉरंड यूनिवर्सिटी, बूडापेस्ट

14. इटली

1. यूनिवर्सिटी ऑफ़ रोम
2. यूनिवर्सिटी ऑफ़ पीसा
3. यूनिवर्सिटी ऑफ़ नेपल्स
4. यूनिवर्सिटी ऑफ़ वेनिका
5. आइ. एस. एम. ई. ओ. (हिन्दी यूनिवर्सिटी) एंड लैंगवेजिज़, रोम
6. यूनिवर्सिटी ऑफ़ मिलन

15. डेनमार्क

1. इन्स्टीट्यूट ऑफ इंडोलॉजी

16. बुलगरिया

1. यूनिवर्सिटी ऑफ़ सोफ़िया, सोफ़िया

17. बेल्जियम

1. इंडोलॉजी डिपार्टमेंट, कैथॉलिक यूनिवर्सिटी लोविएन
2. स्टेट यूनिवर्सिटी गेंट

18. ऑस्ट्रिय

1. इंस्टीट्यूट ऑफ़ इंडोलॉजी
2. यूनिवर्सिटी ऑफ़ वियाना, वियाना

19. ऑस्ट्रेलिया

1. साउथ एंड वेस्ट एशिया सेंटर, ऑस्ट्रेलियन नेशनल यूनिवर्सिटी, कैनबरा
2. डिपार्टमेंट ऑफ़ इंडियन एंड इंडोनेशियन स्टडीज़, यूनिवर्सिटी
3. यूनिवर्सिटी ऑफ़ सिडनी।

20. नेपाल

1. त्रिभुवन यूनिवर्सिटी, काठमांडू

21. नार्वे

1. इंडो-इंडियन इंस्टीट्यूट, यूनिवर्सिटी ऑफ़ ओसलो, ओसलो

22. फिलिपीन्स

1. यूनिवर्सिटी ऑफ़ फिलिपीन्स, मनीला

23. पाकिस्तान

1. यूनिवर्सिटी ऑफ़ कराची, कराची
2. पंजाब यूनिवर्सिटी, लाहौर

24. आर.ओ.के.(सिओल) कोरिया गणराज्य

1. हेंगकुक यूनिवर्सिटी ऑफ फ़ॉरेन स्टडीज़, सिओल
2. पूसन यूनिवर्सिटी ऑफ़ फ़ॉरेन स्टडीज़, पूसन

25. रोमानिया

1. यूनिवर्सिटी ऑफ़ बुकारेस्ट, बुकारेस्ट

26. स्पेन

1. सेंटर ऑफ़ अफ्रीकन एंड एशियन स्टडीज़, मेडरिड यूनिवर्सिटी, मेडरिड

27. श्रीलंका

1. कलानिया यूनिवर्सिटी
2. यूनिवर्सिटी ऑफ़ श्री जयवर्धनेपुरा, कोलंबो

28. स्वीडन

1. स्टॉकहोम यूनिवर्सिटी, स्टॉकहोम

29. तुर्की

1. डिपार्टमेंट ऑफ़ इंडोलॉजी, अंकारा यूनिवर्सिटी, अंकारा

30. थाईलैंड

1. शिल्पाकॉन यूनिवर्सिटी

31. यूगोस्लाविया

1. जेग्रीले यूनिवर्सिटी

32. चीन

1. यूनिवर्सिटी ऑफ़ बीजिङ, बीजिङ
2. यूनिवर्सिटी ऑफ़ नैनजिङ, नैनजिङ

विदेशों में कार्यरत हिन्दी की स्वैच्छिक संस्थाएँ

1. मॉरीशस

(1) **आर्य परोपकारिणी सभा**—इस सभा की स्थापना सन् 1911 में डॉ. मणिलाल के सहयोग से हुई थी।

(2) **हिन्दी प्रचारिणी सभा**—हिन्दी के प्रचार-प्रसार में कार्यरत इस सभा का पंजीकरण 1935 में हुआ था। इससे पूर्व इसका नाम 'तिलक विद्यालय' था, जिसकी स्थापना सन् 1926 में की गई थी।

2. सूरीनाम

हिन्दी परिषद्—हिन्दी भाषा की सेवा में संलग्न उक्त परिषद् की स्थापना सन् 1977 ईसवी में बो (राजधानी नगर) परामारी में की गई थी। तब से आज तक यह संस्था हिन्दी-सेवा में जुटी हुई है।

3. गयाना

हिन्दी प्रचार सभा—यह सभा गयाना राज्य के निवासियों में हिन्दी प्रचार-प्रसार के प्रयोजन की पूर्ति में कार्यरत है।

4. नीदरलैंड (हॉलैंड)

हिन्दी परिषद् नीदरलैंड—नीदरलैंड में कार्यरत हिन्दी की यह स्वैच्छिक संस्था हॉलैंड-निवासी हिन्दी-प्रेमियों में हिन्दी प्रचार-प्रसार को समर्पित है।

5. यू. के.

हिन्दी समिति—यू. के. राज्य में उक्त समिति हिन्दी के प्रचार-प्रसार से

सम्बन्धित विविध कार्यकलापों को अंजाम दिया करती है। सन् 1990 से इस हिन्दी समिति ने 'हिन्दी' नाम से एक त्रैमासिक पत्रिका का प्रकाशन भी प्रारम्भ कर दिया है।

6. संयुक्त राज्य अमेरिका

अन्तरराष्ट्रीय हिन्दी समिति—संयुक्त राज्य अमेरिका में कार्यरत यह एक महत्त्वपूर्ण स्वैच्छिक संस्था है। भारतीय भाषाओं में सन्निहित आध्यात्मिक और मानवीय मूल्यों के प्रचार-प्रसार हेतु इस संस्था की स्थापना की गई थी। इसके प्रमुख उद्देश्य इस प्रकार गिनाए जा सकते हैं—

(क) भारतीय भाषाओं में विद्यमान जीवन मूल्यों का प्रसार तथा प्रवासी भारतीयों के बीच भाषा और संस्कृति की चेतना जगाए रखना।

(ख) भारतवर्ष की भाषाओं और उनके साहित्य के शिक्षण का प्रबन्धन और प्रोत्साहन।

(ग) प्रवासी भारतीयों के बच्चों में भारतीय भाषाओं और संस्कृति के प्रति प्रेम उत्पन्न करने के लिए शिविरों तथा सांस्कृतिक संगोष्ठियों का समय-समय पर आयोजन करते रहना।

(घ) भारत मूल के समाजशास्त्रियों तथा वैज्ञानिकों को तकनीकी विषयों पर भारतीय भाषाओं में अनुवाद और मूल लेखन को प्रोत्साहन देना।

(ङ) भारतीय भाषाओं के लेखकों हेतु सार्वजनिक मंच उपलब्ध कराना। उक्त समिति द्वारा 'सौरभ' नाम की एक त्रैमासिक पत्रिका भी प्रकाशित की जाने लगी है।

अन्तरराष्ट्रीय हिन्दी सम्मेलनों और संगोष्ठियों (पर एक दृष्टिपात) का विहंगावलोकन

1. ट्रिनिडाड एवं तुबेगा अन्तरराष्ट्रीय हिन्दी सम्मेलन 1952 (राजधानी पोर्ट ऑफ स्पेन)।
2. नार्वे अन्तरराष्ट्रीय हिन्दी सम्मेलन 1953 (राजधानी ऑस्लो)।
3. मैनचेस्टर (इंग्लैंड) अन्तरराष्ट्रीय हिन्दी सम्मेलन 1953।
4. नीदरलैंड (हॉलैण्ड, अन्तरराष्ट्रीय हिन्दी सम्मेलन 1988)।

5. भारत

(क) विश्व-साहित्य और संस्कृति संस्थान द्वारा 1990 में द्विदिवसीय अन्तरराष्ट्रीय हिन्दी सम्मेलन दिल्ली।

(ख) उपर्युक्त संस्थान द्वारा 1991 में दिल्ली में त्रिदिवसीय अन्तरराष्ट्रीय हिन्दी संगोष्ठी।

(ग) केंद्रीय हिन्दी संस्थान द्वारा 1991 में दिल्ली में अन्तर्राष्ट्रीय हिन्दी संगोष्ठी।

6. सूरीनाम

(क) सूरीनाम हिन्दी परिषद् द्वारा अन्तरराष्ट्रीय हिन्दी सम्मेलन 1979।

(ख) उक्त परिषद् द्वारा अन्तरराष्ट्रीय हिन्दी सम्मेलन 1982।

(ग) उक्त परिषद् द्वारा अन्तरराष्ट्रीय हिन्दी सम्मेलन 1993 परामारीवो।

हिन्दी के खटकते अभाव

यह सही है कि विश्व के अधिकांश राष्ट्रों में हिन्दी का प्रचार-प्रसार, पठन-पाठन, लेखन-प्रकाशन किसी-न-किसी रूप में विकासोन्मुख है। फलस्वरूप हिन्दी विश्व की प्रमुख भाषाओं में अपना स्थान बनाती जा रही है और एक अन्तरराष्ट्रीय भाषा के रूप में प्रतिष्ठित हो रही है। इस दृष्टि से अन्तरराष्ट्रीय स्तर पर बनी रहनेवाली कुछ कमियाँ भी विदेशी हिन्दी-प्रेमी पाठकों को प्रायः खटकती रहती हैं। इस प्रकार हिन्दी-विकास से सम्बन्धित त्रुटियों में कुछ उल्लेखनीय हैं—

1. अन्तरराष्ट्रीय हिन्दी गोष्ठियों और विश्व हिन्दी सम्मेलनों की संख्या तो उत्तरोत्तर बढ़ रही है। लेकिन वे मात्र विचार-विमर्श एवं परस्पर मिलनमय के रूप में सीमित रह गए हैं। एकाधिक हिन्दी सम्मेलनों में यह बात जोर-शोर से उठाई जा चुकी है कि इस प्रकार के सम्मेलनों अथवा गोष्ठियों के निष्कर्षों और संस्तुतियों पर अनुवर्ती कार्रवाई न के बराबर होती है। अतः इसकी कोई प्रभावी और फलदायक व्यवस्था की जानी चाहिए।
2. विदेशों में कार्यरत हिन्दी की विविध स्तरीय संस्थाओं में हिन्दी सीखने और सिखाने वालों को 'विश्व-हिन्दी-लेखक परिचय कोश' का अभाव खटकता है। इसकी पूर्ति की दिशा में हिन्दी कर्णधारों को पहल करने की आवश्यकता है।
3. भारतवर्ष में हिन्दी के लिए यद्यपि बहुत कार्य हुआ है। लेकिन इसके व्यापक क्षेत्र में फैले हुए हिन्दी पाठकों और लेखकों को 'अखिल भारतीय हिन्दी लेखक परिचय कोश' की कमी खटकती है। अतः इस दिशा में राष्ट्रीय स्तर पर व्यक्तिगत अथवा संस्थागत प्रयत्न का श्रीगणेश शीघ्रातिशीघ्र हो जाना चाहिए।
4. हिन्दी क्षेत्र के विद्वान भले ही अपने प्रयत्नों पर संतुष्ट हों परन्तु यह एक ज्वलंत और जीवंत सत्य है कि अभारतीय और हिन्दी भाषी हिन्दी प्रचारकों और प्रसारकों के विषय में उनकी जानकारी नगण्य अथवा शून्य ही है।

हिन्दी के इन समर्पित हिन्दी सेवियों की हिन्दी सेवाओं से हिन्दी जगत् को परिचित कराने के लिए 'अभारतीय और अहिन्दी भाषी हिन्दी-सेवी कोश' की दिशा में संस्थागत और व्यक्तिगत प्रयत्न जितना शीघ्र प्रारम्भ हो सके, उतना अच्छा होगा।

विश्व हिन्दी-केन्द्र की स्थापना

द्वितीय विश्व हिन्दी सम्मेलन मॉरीशस के अवसर पर यह आवश्यकता समझी गई थी कि अन्तर्राष्ट्रीय स्तर पर हिन्दी के प्रचार-प्रसार और उससे सम्बन्धित सूचना-सामग्री के संकलन, वितरण के लिए एक विश्व हिन्दी-केन्द्र की अतीव आवश्यकता है। साथ ही उस समय यह भी सुझाव आया था कि इस प्रकार का केन्द्र मॉरीशस में स्थापित किया जाए, परन्तु साधनों की उपलब्धता और परिस्थितियों की माँग को ध्यान में रखते हुए ऐसे केन्द्र की स्थापना भारत में ही करने को उचित माना गया। इस केन्द्र के निम्नलिखित चार कार्यों की संकल्पना की गई।

1. हिन्दी सम्बन्धी सूचना—सामग्री का सर्वेक्षण, संकलन, वर्गीकरण और वितरण।
2. हिन्दी के अन्तरराष्ट्रीय स्वरूप तथा विकास से संबंधित पुस्तकालय एवं संग्रहालय की स्थापना।
3. संसार में हिन्दी के प्रचार-प्रसार से संबंधित राष्ट्रीय और अन्तरराष्ट्रीय स्तर पर संगोष्ठियों, कार्यशालाओं, परिचर्चाओं, सम्मेलनों आदि का आयोजन।
4. विश्व के देशों में हिन्दी के प्रचार और प्रसार में संलग्न शैक्षणिक, साहित्यिक, सांस्कृतिक, सरकारी और गैरसरकारी संस्थाओं और विभागों से सम्पर्क समन्वय हेतु तालमेल बनाए रखना।

अन्तरराष्ट्रीय हिन्दी विश्वविद्यालय

विश्व हिन्दी सम्मेलनों, अन्तर्राष्ट्रीय हिन्दी सम्मेलनों और संगोष्ठियों में निरन्तर यह माँग उठती रही है कि भारत में अन्तरराष्ट्रीय विश्वविद्यालय की स्थापना का समय आ गया है। अन्तरराष्ट्रीय विश्वविद्यालय की स्थापना का समय आ गया है। अन्तर्राष्ट्रीय विश्वविद्यालय की परिकल्पना हिन्दी भाषा, साहित्य और संस्कृति के एक प्रमुख केन्द्र के रूप में की जाती रही है जिसमें तुलनात्मक साहित्य के अध्यापन, अनुसन्धान के साथ रचनात्मक लेखन, अनुवाद तथा भाषान्तर पत्रकारिता आदि के शिक्षण-प्रशिक्षण की सुविधाएँ होना आवश्यक माना गया।

परिशिष्ट

सन्दर्भ ग्रन्थ

1. प्राचीन भारत का इतिहास (500 ई. से 1200 ई. दक्षिण सहित)
   संस्करण 1962, लेखक–डॉ. विमल चन्द्र पाण्डेय
   प्रकाशक–केदारनाथ रामनाथ प्रकाशक, मेरठ
2. भारतीय साहित्य और संस्कृति
   (वैदिक काल पूर्व खण्ड तथा कला–द्वितीय खण्ड)
   संस्करण–1959, लेखक डॉ. हरिदत्त शास्त्री
   प्रकाशक–मुंशीराम मनोहरलाल, नई सड़क, दिल्ली
3. हिन्दी शिक्षण अन्तरराष्ट्रीय परिप्रेक्ष्य में
   संस्करण–1988, सम्पादक–सतीश कुमार रोहरा, सूरजभान सिंह
   प्रकाशक–केन्द्रीय हिन्दी संस्थान, आगरा
4. विश्व में हिन्दी–खण्ड एक, अन्तरराष्ट्रीय परिप्रेक्ष्य
   संस्करण–1995
   लेखक–हरिबाबू कंसल
   प्रकाशक–सुधांशु बंधु, ई-9/23, वसंत विहार, नई दिल्ली
5. विश्व में हिन्दी–खण्ड दो, देशवार स्थिति
   संस्करण–1995
   लेखक–हरिबाबू कंसल
   प्रकाशक–सुधांशु बंधु, ई-9/23, वसंत विहार, नई दिल्ली
6. भारतवर्ष के प्राचीन इतिहास की सामग्री
   पंडित गौरीशंकर हीराचंद ओझा लिखित नागरी प्रचारिणी पत्रिका से उद्धृत, ई. सन् 1908
7. भाषा और समाज

संस्करण—1979
लेखक—डॉ. रामविलास शर्मा
राजकमल प्रकाशन, नई दिल्ली, पटना

8. मेरी जीवन यात्रा—राहुल सांकृत्यायन

पत्रिका

1. शान्ति दूत, नार्वे, वॉल्यूम 11 वर्ष 2000
2. अजंता
3. गवेषणा—वर्ष-33, अंक 65-66, सन् 1995, केन्द्रीय हिन्दी संस्थान, आगरा
4. चीन सचित्र
5. गगनांचल (विश्व हिन्दी अंक), वर्ष-6, अंक-4, सन् 1983
6. गगनांचल (विश्व हिन्दी अंक), वर्ष-16, अंक-4, सन्, 1993
7. गगनांचल (विश्व हिन्दी अंक), वर्ष-19, अंक-1, सन् 1996

LANGUAGES OF CHINA

People's Republic of China. Zhonghua Renmin Gongheguo. National or official language : Mandarin Chinese. 1,262,358,000 (1998 UN). 55 official minority nationalities total 91,200,314 or 6.5% of the population (1990). Han Chinese 1,033,057,000 or 93.5% (J. Matisoff). Also includes Central Khmer 1,000, Portuguese 2,000, Shan, Tai Dam 10,000 Tai Don 10,000. Information mainly from J. Dreyer 1976; S. Wurm et al. 1987; J-O Svantesson 1989, 1995; J. Janhumen 1989; J. Matisoff et al. 1996; J. Evans 1999. Secular, Chinese traditional, Buddhism, Taoism, Christian, Muslim, traditional religion. Blind population 2,000,000. Deaf population 3,000,000 (1986 Gallaudet University). Deaf institutions : 7. Data accuracy estimate : B. The number of languages listed for China is 202. Of those, 201 are living languages and 1 is extinct. Diversity index 0.48.

Spoken living languages

ACHANG [ACN] 27,708 in China (1990 census). Population total both countries 29,400 or more. *Alternate names :* ACHUNG, ATSANG, ACH'ANG, ACANG, AHCHAN, NGACANG, NGATSANG, NGACHANG, NGAC'ANG, NGO CHANG, MONGHSA, *Dialects :* LONGCHUAN, LIANGHE, LUXI, *Classification :* Sino-Tibetan, Tibeto-Burman, Lolo-Burmese, Burmish, Northern.

I-CHAM [AIH] 2,300 speakers (1986). 13 villages in Di'e and Boyao townships in Libo County of the Qiannan Buyi-Miao Autonomous Prefecture in southern Guizhou Province. *Alternate names :* JIAMUHUA, JINHUA, ATSAM. *Dialects :* DI'E, BOYAO, *Classification :* Tai-Kadai, Kam-Tai, Kam-Sui.

AINU [AIB] 5,000 (1988). Yengixar (Shule) town, Hanalik and Paynap villages in the Kashgar area, and Gewoz village near Hoban; Hetian, Luopu, Moyu, Shache, Yingjisha and Shulekuche counties of southwestern Xinjiang Autonomous Region, *Alternate names :* AYNU, AINI, ABDAL. *Classification : Altaic, Turkic,* Eastern.

AKHA [AKA] 130,000 in China (1990). Southwest Yunnan. *Alternate names :* KAW, EKAW, KO, AKA, IKAW, AK'A, AHKA, KHAKO, KHA KO, KHAO KHA KO, IKOR, AINI, YANI. *Classification :* Sino-Tibetan, Tibeto-Burman, Lolo-Burmese, Loloish, Southern, Akha, Hani, Ha-Ya.

AMDO [ADX] 809,500 including 538,500 Hbrogpa, 97,600 Rongba, 112,800 Rongmahbrogpa, 60,600 Rtahu (1987 Wurm et al.) Huangnan, Hainan, Haibei, and Guoluo (Golog) Tibetan Autonomous prefectures and the Haixi Mongolian-Tibetan-Kazakh Autonomous Prefecture of Qinghai Province; in the Gannan Tibetan Autonomous Prefecture and Tianzhu Autonomous County of south-western Gansu Province, and in parts of the Ganzi and Aba (Ngawa) Tibetan Autonomous prefectures of western and northern Sichuan Province. *Alternate names :* ANDUO, NGAMBO. *Dialects :* HBROGPA, RONGBA, RONGMAHBROGPA, RTAHU. *Classification :* Sino-Tibetan, Tibeto-Burman, Himalayish, Tibeto-Kanauri, Tibetic, Tibetan, Northern.

ATUENCE [ATF] 520,000. Yunnan-Tibet border. *Alternate names :* ATUENTSE, ANSHUENKUAN NYARONG, NYARONG, NGANSHUENKUAN. *Classification :* Sino-Tibetan, Tibeto-Burman, Himalayish, Tibeto-Kanauri, Tibetic, Tibetan, Central.

AYI [AYX] Fugong and Gongshan counties, Nujiang Nu-Lisu Autonomous Prefecture of northwestern Yunnan. *Classification :* Sino-Tibetan, Tibeto-Burman, Unclassified.

BA PAI [BPN] 62,000 (1995 McConnell). Liannan and Yangshan counties of northern Guangdong Province, and Yizhang County of southern Hunan Province. *Alternate names :* YAO MIN, ZAOMIN, DZAO MIN, YAU MIN. *Classification :* Hmong-Mien, Mienic, Zaomin.

BAI [PIQ] 900,000 speakers (1990 J-O Svantesson), out of ethnic group of 1,594,827 (1990 census) . Northwest Yunnan, between the Lancang (Mekong) and Jinsha rivers, on the Dali Plain. 85% of Bai are in Dali Bai Autonomous Prefecture, others elsewhere in Yunnan Province, some in Hunan, Sichuan, and Guizhou provinces. *Alternate names :* PAI, MINJIA, MINCHIA, MINKIA, LABBU, NAMA, LEME. *Dialects :* DALI (TALI-XIANGYUN, XIANGYUN-DALI, SOUTHERN BAI), JIANCHUAN (CENTRAL BAI, HEQING-JIACHUAN, HOKING-JIANCHUAN), BIIJIANG (LANBI, BIJIANG-LANPING, LANPING-BIJIANG, NORTHERN BAI). *Classification :* Sino-Tibetan, Tibeto-Burman, Bai.

BAIMA [BQH] 110,000 (1995 EDCL). Pingwu County in north central Sichuan. *Alternate names :* BAI MA, PE. *Classification :* Sino-Tibetan, Tibeto-Burman, Himalayish, Unclassified.

BELA [BEQ] 2,000 TO 3,000 in Luxi (1992 Edmondson). Yunnan Province, Dehong Prefecture, Luxi County, Santaishan Township, and Yingjang and Lianghe counties. May also be in Myanmar. *Alternate names :* PELA, PALA, BOLA, POLO. *Classification :* Sino-Tibetan, Tibeto-Burman, Lolo-Burmese, Loloish, Unclassified.

BIAO MIEN [BMT] 21,500 (1993). Ruyuan County, Guangdong Province. *Alternate names* : BIAO MON, BIAOMAN. *Classification* : Hmong-Mien, Mienic, Mian-Jin.

BIAO-JIAO MIEN [BJE] 40,000 (Pan Chengqian 1991 : 48). Northeastern Guangxi Zhuang Autonomous Region (Quanzhou, Gongcheng, and Guanyang counties, and southern Hunan Province, Lingling and Daoxian counties. *Alternate names:* BIAOI CHAO, BYAU MIN. *Dialects :* BIAO MIN (BIAOMIN, BIAO MIEN, AO YAO), JIAOGONG MIAN (CHAO KONG MENG, JIAOGONG). *Classification :* Hmong-Mien, Mienic, Biao-jiao.

BISU [BII] 6,000 in China (1991 Li Yongsui). Population total both countries 7,000 or more. *Alternate names :* MBISU, MISU, MIBISU, MBI. *Classification :* Sino-Tibetan, Tibeto-Burman, Lolo-Burmese, Loloish, Southern, Phunoi.

BIT [BGK] 500 in China (1990 J-O Svantesson). Southern Yunnan Province. *Alternate names :* KHABIT, PHSING, PHSIN. *Classification :* Austro-Asiatic, Mon-Khmer, Northern Mon-Khmer, Khmuic, Khao.

BIYO [BYO] 100,000 (J-O Svantesson). Yunnan, near the Hani. Alternate names : BIO, BIYUE. *Classification :* Sino-Tibetan, Tibeto-Burman, Lolo-Burmese, Loloish, Southern, Akha, Hani, Bi-Ka.

BLANG [BLR] 24,000 in China (1990 J-O Svantesson), out of an official nationality of 82,280 (1990 census).Population total all countries 37,200. *Alternate names :* BULANG, PULANG, PULA, PLANG, KAWA, K'ALA, KONTOI.*Dialects :* PHANG, KEM DEGNE. *Classification :* Austro-Asiatic, Mon-Khmer, Palaungic, Western Palaungic, Waic, Bulang.

BONAN [PEH] 12,212 (1990 census), including 6,000 Jishishan, 4,000 Tongren. East Qinghai Province and southwestern Gansu Province in the Jishishan Bao'an-Dongxiang-Sala Autonomous County of the Linxia Hui Autonomous Prefecture. Bonan-speaking Tu live in Tongren, eastern Qinghai Province. *Alternate names :* BAO'AN, BOAN, PAOAN, PAONGAN, BAONAN : *Dialects :* JISHISHAN (DAHEJIA, DAKHECZJHA), TONGREN (TUNGYEN). *Classification:* Altaic Mongolian, Eastern, Mongour.

BOUYEI [PCC] 2,000,000 speakers or more out of a nationality of

2,545,059 in China (1990 census). Population total both countries 2,001,500. *Alternate names :* BUYI, BUI, BO-I, BUYEI, BUYUI, PUYI, PUI, PU-I, PU-JUI, PUJAI, PUYOI, DIOI, TUJIA, SHUIHU, ZHONGJIA, CHUNGCHIA. *Dialects :* QIANNAN (SHUTHERN GUIZHOU, BOUYEI 1), QIANZHONG (CENTRAL GUIZHOU, BOUYEI 2), QIANXI (WESTERN GUIZHOU, BOUYEI 3). *Classification :* Tai-Kadai, Kam-Tai, Be-Tai-Sek, Tai, Northern.

BUGAN [BBH] 3,000 (1996 J. Edmondson). Southern Guangnan and northern Xichou counties in southeastern Yunnan Province, Laowalong, Xinwalong, Jiuping, Shibeipo, Xinzhai, Manlong, and Nala villages. *Alternate names :* PUKAN, HUALO, HUAZU. *Classification :* Austro-Asiatic, Mon-Khmer, Unclassified.

BUNU, BAHENG [PHA] 26,815 speakers in China (1995 McConnell). Population total both countries 33,700. *Alternate names :* PA HNG, PA-HNG, PA NGNG, PAHENG, BAHENG, BAHENGMAI, PA THEN, TONG, MEO LAI, MAN PA SENG. *Classification :* Hmong-Mien, Hmongic, Bunu.

BUNU, BU-NAO [BWX] 258,000 speakers (1995 McConnell) out of an ethnic group of 439,000 (1982 census). 100,000 ethnic Bunu speak Zhuang as mother tongue. Western Guangxi Zhuang Autonomous Region (Du'an, Bama, Dahua, Lingyun, Nandan, Tiandong, Tianyang, Pingguo, Fengshan, Donglan, Hechi, Mashan, Bose, Tianlin, Leye, Tiandeng, Xincheng, Shanglin, Long'an, Debao, Laibin, Luocheng counties), Guizhou Province (Libo County), and Yunnan Province (Funing County). *Alternate names :* PUNU, BUNAO, PO-NAU. *Dialects :* DONGNU (TUNG NU), NUNU, BUNUO (PU NO), NAOGELAO (NAO KLAO), NUMAO (NU MHOU, HONG YAO). *Classification :* Hmong-Mien,

Hmongic, Bunu.

BUNU, JIONGNAI [PNU] 1,116 (1995 Mc Connell). Longhua, Nanzhou, Dajin, Liuxiang, Mentou, Gubu, Ludan, Liutuan, and Change in the Jinxiu Yao Autonomous County, southeast of Liuzhou City in eastern Guangxi Zhuang Autonomous Region. *Alternate names :* PUNU, QIUNGNAI, KIONG NAI, JIONGNAI, JIONGNAIHUA, HUALAN YAO. *Classification :* Hmong-Mien, Hmongic, Bunu.

BUNU, WANAI [BWN] 18,442 (1995 McConnell). Western Hunan Province, Longhui, Xupu, Tongdao, chenxi, Donkou, Cengbu and Xinning counties. *Alternate names* : PUNU, WUNAI, NGNAI, HM NAI. *Classification* : Hmong-Mien, Mmongic, Bunu.

BUNU, YOUNUO [BUH] 9,716 (1995 McConnell). Northeastern Guangxi Zhuang Autonomous Region, Xing'an and Longsheng counties. *Alternate names :* PUNU, PU NO, YOUNUO, YUNUO, YUNO. *Classification :* Hmong-Mien Hmongia Bunu.

BURIAT, CHINA [BXU] 65,000 (1982 census), including 47,000 New Bargu, 14,000 Old Bargu, 4,500 Buriat. Hulun-Buyr District of Inner Mongolia, near Russian (Siberian) and Mongolian borders, *Alternate names :* BURYAT, BURIAT-MONGOLIAN, NORTHERN MONGOLIAN, NORTHEASTERN MONGOLIAN, BARGU BURIAT. *Dialects :* BARGU (OLD BARGU, NEW BARGU), KHORI, AGA. *Classification :* Altaic, Mongolian, Eastern, Oirat-Khalkha, Khalkha-Buriat, Buriat.

BUXINHUA [BXT] 200 (1994). Mengla County, Xishuangbanna Dai Autonomous Prefecture, southwestern Yunnan Province. *Classification :* Austro-Asiatic, Mon-Khmer, Unclassified.

BUYANG [BYU] 2,000 to 3,000 (1990 Liang Min), including 200 at Ecun, 180 at Lagan, 200 at Maguan, 300 at Langjia,

50 at Nongna, 20 at Damen, 30 to 40 at Jinglong Township, and at a settlement in Guangnan County Diyu, and a village near Yiliang. Yunnan Province, Wenshan Zhuang-Miao Autonomous District, Guangnan County, One location, and Funing County, Gula Township. Yunnan Province, Wenshan Zhuang-Miao Autonomous District, Guangnan County, one location, and Funing County, Gula Township. *Classification :* Tai-Kadai, Kadai, Yang-Biao.

CAO MIAO [COV] 60,000 speakers (1994). Liping county of southeastern Guizhou Province, Tongdao Dong Autonomous County of southwestern Hunan Province, and Sanjiang Dong Autonomous County of northeastern Guangxi, near Southern Dong. *Alternate names :* MJIUNIANG, GRASS MIAO. *Classification :* Tai-Kadai, Kam-Tai, Kam-Sui.

CHINESE, GAN [KNN] 20,580,000 2% of the population (1984). Jiangxi and southeastern corner of Hubei including Dachi, Xianning, Jiayu, Chongyang, and parts of Anhui, Hunan, and Fujian provinces Chang-Jing dialect includes the speech of Nanchang City, Xiuhui, and Jing'an; Yi-Liu includes Yichun (Ichun) in Jiangxi to Liuyang in Hunan. Alternate names : GAN, KAN, Dialects : CHANG-JING, YI-LIU, JI-CHA, FU-GUANG, YING-YI. *Classification :* Sino-Tibetan, Chinese.

CHINESE, HAKKA [HAK] 25,275,000 in mainland China, 2.5% of the population (1984). Population total all countries 33,000,000 (1999 WA). *Alternat names :* HAKKA, HOKKA, KEJIA, KECHIA, KE, XINMINHUA, MAJIAHUA, TU GUANGDONGHUA. *Dialects :* YUE-TAI (MEIXIAN, RAOPING, TAIWAN KEJIA), YUEZHONG (CENTRAL GUANGDONG), HUIZHOU, YUEBEI (NORTHERN GUANGDONG), TINGZHOU (MIN-KE), NING-LONG (LONGNAN), YUGUI, TONGGU.

Classification : Sino-Tibetan, Chinese.

CHINESE, HUIZHOU [CZH] South Anhui Province and north Zhejiang Province. *Alternate names :* HUIZHOU. *Dialects :* JIXI, XIUYI, QIDE, YANZHOU, JINGZHAN. *Classification :* Sino-Tibetan, Chinese.

CHINESE, JINYU [CJY] 45,000,000 (1995 Milliken). Mainly in Shanxi Province, with some in Shaanxi and Henan provinces. *Alternate names* : JINYU. *Classification* : Sino-Tibetan, Chinese.

CHINESE, MANDARIN [CHN] 867,200,000 in mainland China (1999), 70% of the population, including 8,602,978 Hui (1990 census). Other estimates for Hui are 20,000,000 or more. 1,042,482,187 all Han in China (1990 census). Population total all countries 874,000,000 first language speakers, 1,052,000,000 including secong language speakers (1999 WA). *Alternate names :* MANDARIN, GUANHUA, BEIFANG FANGYAN, NORTHERN CHINESE, GUOYU, STANDARD CHINESE, PUTONGHUA. *Dialects :* HUABEI GUANHUA (NORTHERN MANDARIN), XIBEI GUANHUA (NORTHWESTERN MANDARIN), XINAN GUANHUA (SOUTHWESTERN MANDARIN), JINGHUAI GUANHUA (JIANGXIA GUANHUA, LOWER YANGZE MANDARIN). *Classification :* Sino-Tibetan, Chinese.

CHINESE, MIN BEI [MNP] 10,290,000 1.2% of the population (1984). Population total both countries 10,537,000. *Alternate names :* NORTHERN MIN, MIN, PEI. *Classification:* Sino-Tibetan, Chinese.

CHINESE, MIN DONG [CDO] Population total all countries 247,000 or more. *Alternate names :* EASTERN MIN. *Dialects :* FUZHOU (FUCHOW, FOOCHOW, GUXHOU). *Classification :* Sino-Tibetan, Chinese.

CHENESE, MIN NAN [CFR] 25,725,000 in mainland China (1984), 2.5% of the population, including 1,000,000 Xiamen dialect (1988 census), 6,000,000 Quanzhou dialect (Quanzhoushi Fangyan Zhi). Population total all countries 45,000,000. *Alternate names :* SOUTHERN MIN, MINNAN. *Dialects :* XIAMEN (AMOY), LEIZHOU (LEI HUA, LI HUA), CHAOSHAN (CHOUSHAN), HAINAN (HAINANESE, QIONGWEN HUA, WENCHANG), LONGDU, ZHENAN MIN. *Classification :* Sino-Tibetan, Chinese.

CHINESE, MIN ZHONG [CZO] Area aroung Yong'an, Sanming, and Shaxian in central Fujian Province. *Alternate names :* CENTRAL MIN. *Classification :* Sino-Tibetan, Chinese.

CHINESE, PU-XIAN [CPX] Population total all countries 6,000 or more. *Dialects :* PUTIAN (PUTTEN, XINGHUA, HINGHUA, HENGHUA, HSINGHUA), XIANYOU (HSIENYU). *Classification :* Sino-Tibetan, Chinese.

CHINESE, WU [WUU] 77, 175,000 7.5% of the population (1984). Jiangsu south of the Changjiang River, east of Zhenjiang, on Chongming Island in the mouth of the Changjiang, and north of the Changjiang in the area around Nantong, Haimen, Qidong, and Qingjiang, and in Zhejiang Province as far south as Quzhou, Jinhua, and Wenzhou. *Alternate names :* WU. *Dialects :* TAIHU, JUNHUA (KINHWA), TAIZHOU, OUJIANG, WUZHOU, CHUQU, XUANZHOU. *Classification :* Sino-Tibetan, Chinese.

CHINESE, XIANG [HSN] 36,015,000 3.5% of the population (1984). Hunan Province, over 20 counties in Sichuan, and parts of Guangxi and Guangdong provinces. *Alternate names :* HUNAN, HUNANESE, XIANG, HSIANG. *Dialects :* CHANGYI, LUOSHAO, JISHU. *Classification :* Sino-Tibetan, Chinese.

CHINESE, YUE [YUH] 52,000,000 in mainland China, 4.5% of the population (1984). Includes 498,000 in Macau. Population total all countries 71,000,000 (1999 WA).

Alternate names : YUET YUE, GWONG DUNG WAA, CANTONESE, YUE, YUEH, YUEYU, BAIHUA. *Dialects :* YUE HAI (GUANGFU, HONG KONG CANTONESE, MACAU CANTONESE, SHATOU, SHIQI, WANCHENG), SIYI (SEIYAP, TAISHAN, TOISAN, HOISAN, SCHLEIYIP), GAOLEI (GAOYANG), QINLIAN, GUINAN. *Classification :* Sino-Tibetan, Chinese.

CHONI [CDA] 22,710 (1993). Yunnan-Tibet border. *Alternate names :* CHONA, CHONE, CONE, JONE. *Dialects :* HBRUGCHU. *Classification :* Sino-Tibetan, Tibeto-Burman, Himalayish, Tibeto-Kanauri, Tibetic, Tibetan, Northern.

CUN [CUQ] 70,000 (1990 Jan-Olof Svantesson). South bank of Changhua River in north Dongfang county and north bank in Changjiang county, Hainan Island. *Alternate naems :* NGAO FON, CUNHUA, CUN-HUA. *Classification :* Tai-Kadai, Kadai, Yang-Biao.

DARANG DENG [DAT] Chayu (Zayu) County along the Dulai River valley in southeastern Tibet. *Alternate names :* DARANG. *Classification :* Sino-Tibetan, Tibeto-Burman, North Assam, Deng.

DAUR [DTA] 84,950 speakers or 70% of the ethnic group of 121,37 (1990 census). Inner Mongolia and border of Heilongjiang Province, and northwest Xinjiang. *Alternate names :* DAGUR, DAGUOR, DAWAR, DAWO'ER, TAHUR, TAHUERH. *Dialects :* BUTEHA (BATAXAN), HAILA'ER (HAILAR), QIQIHA'ER (QIQIHAR, TSITSIKHAR). *Classification :* Altaic, Mongolian, Eastern, Dagur.

DONG, NORTHERN [DOC] 907,560 speakers out of 2,514,014 in the official nationality (1990 census). Population total both countries 907,560. *Alternate names :* KAM, GAM, TONG, TUNG, TUNG-CHIA. *Classification :* Tai-kadai, kam-tai, kam-Sui.

DONG, SOUTHERN [KMC] 1,480,750 speakers out of 2,514,014 in the official nationality (1990 census). 62% of the 2,388,310 Dong speakers speak Southern Dong. Area where southeastern Guizhou (Yuping Autonomous County), western Hunan, and northern Guangxi provinces meet, and Guangxi Zhuang Autonomous Region, 20 contiguous counties. *Alternate names :* KAM, GAM, TONG, TUNG, TUNG-CHIA. *Classification :* Tai-Kadai, Kam-Tai, Kam-Sui.

DONGXIANG [SCE] 373,872 (1990 census), about half in the Suonanba dialect. Southwest Gansu Province, mainly in Linxia Hui Autonomous Prefecture. *Alternate names :* TUNGHSIANG, SANTA, TUNG. *Dialects :* SUONANBA, WANGJIAJI, SIJIAJI. *Classification :* Altaic, Mongolian, Eastern, Mongour.

DRUNG [DUU] 11,300 speakers including 5,816 Drung (1990 census) and 5,500 ethnic Nung in the Nu nationality (1990 J-O Svantesson). About 6,000 in Nu River dialect, about 4,000 in Dulong River dialect. Dulong River dialect is spoken along both sides of the Dulong River in Gongshan Dulong-Nu Autonomous County in far northwestern Yunnan. Nu River dialect is spoken from Gongshan Dulong-Nu Autonomous County west to Chayu (Zayu) County in Tibet. *Alternate names :* TRUNG, TULUNG, DULONG, QIU. *Dialects :* DULONG RIVER, NU RIVER. *Classification :* Sino-Tibetan, Tibeto-Burman, Nungish.

E [EEE] 30,000 (1992 J. A. Edmondson). Northern Guangxi-Zhuang Autonomous Region, Rongshui Hmong Autonomous County, Yongle Township, and neighboring border areas of Luocheng Mulam Autonomous County. Yongle and nineteen surrounding villages. *Alternate names :* KJANG E, 'WUSE HUA', 'WUSEHUA'. *Classification :* Tai-Kadai, Kam-Tai, Be-Tai, Be-Tai, Tai-Sek, Tai, Central.

ERSU [ERS] 13,000 (1995). South central Sichuan in the lower reaches of the Dadu River, Ya'an District. *Alternate names :* DUOXU, ERHSU. *Dialects :* ERSU (EASTERN ERSU), DUOXU (CENTRAL ERSU), LISU (WESTERN ERSU, LUZU). *Classification :* Sino-Tibetan, Tibeto-Burman, Tangut-Qiang, Qiangic.

EVENKI [EVN] 20,000 spearkers out of 34,000 in the ethnic population in China (1995 M. Krauss). Population total all countries 30,000. *Alternate names :* EWENKE, EWENKI, OWENKE, SOLON, SUOLUN, KHAMNIGAN. *Dialects :* HAILA'ER, AOLUGUYA, CHENBA'ERHU. *Classification :* Altaic, Tungus, Northern, Evenki.

GAHRI [BFU] *Alternate names :* BUNAN, LAHULI OF BUNAN. *Classification :* Sino-Tibetan, Tibeto-Burman, Himalayish, Tibeto-Kanauri, Western Himalayish, Kanauri.

GELAO [KKF] 6,400 speakers out of an ethnic group of 437,997 in China (1990 census), including 3,000 Qau, 1,500 A'ou, 1,700 Hagei, 1,200 Duoluo. Daozhen and Wuchuan counties, Anshun and Bijie prefecture of southwest Guizhou province, southern Yunnan (Zhuang-Miao Autonomous District at Maguan, Malipo, and nearby counties), Guangxi (Longlin Pan-Nationalities Autonomous County), and Hunan. The White Gelo are on the China-Viet Nam border at Tiechang and Yangwan townships, Wenshan Zhuang-Miao Autonomous District, Malipo County, Yunnan Province. They live dispersed among the Han, Miao, Bouyei, Zhuang, and Yi nationalities. *Alternate names :* GELO, KELAO, KELEO, KEHLAO, KLAU, KLO, ILAO, KHI, CHILAO, LAO. *Dilalects :* QAU (GAO), A'OU, HAEI (HAKEI), DUOLUO. *Classification :* Tai-Kadai, Kadai, Ge-Chi.

GEMAN DENG [GEN] Chayu (Zayu) County on the tablelands on either side of the lower reaches of the Chayu (Zayu) River in the southeastern corner of Tibet. Also spoken in India,

Myanmar. *Classification :* Sino-Tibetan, Tibeto-Burman, North Assam, Deng.

GROMA [GRO] 12,840 in China (1993). Population total both countries 12,840 or more. *Alternate names :* TROMOWA. *Dialects :* UPPER GROMA, LOWER GROMA. *Classification :* Sino-Tibetan, Tibeto-Burman, Himalayish, Tibeto-Kanauri, Tibetic, Tibetan, Southern.

GUANYINQIAO [JIQ] 50,000 (1993 Lin). North central Sichuan, along the tributaries of the Jinchuan River in the southwestern tip of Maerkang County, northwestern Jinchuan County, and southeastern Rangtang County. *Alternate names :* GUANYINQIAO, ZHONGZHAI, WESTERN JIARONG. *Classification :* Sino-Tibetan, Tibeto-Burman, Tangut-Qiang, Gyarong.

GUIQIONG [GQI] 7,000 (1995). Plateaus on both sides of the Dadu River north from Luding County in the Ganzi (Garze) Tibetan Autonomous Prefecure in west central Sichuan, and nearby in northwest Tianquan County. One town is Wasigou. *Classification :* Sino-Tibetan, Tibeto-Burman, Tangut-Qiang, Qiangic.

HANI [HNI] 500,000 Hani speakers in China (1990 J-O Svantesson). The official natinality of 1,253,952 (1990 censuss) probably includes Kado, Mahei, Sansu, Akha, Biyo (Bio, Biyue), Honi, possibly Menghua and others. Population total all countries 722,500. *Alternate names :* HANHI, HAW, HANI PROPER. *Classification :* Sino-Tibetan, Tibeto-Burman, Lolo-Burmese, Loloish, Southern, Akha, Hani, Ha-ya.

HLAI [LIC] 747,000 speakers, including 432,000 Ha, 178,000 Qi, 52,000 Jiamao, 44,000 Bendi, 30,000 Meifu, out of an official nationality of 1,100,900 (1990 census). Mountains in central and south central Hainan Province, southern China. *Alternate names :* LI, DAI, DAY, LAI, LA, LOI, LE, DLI, BLI, KLAI, SLAI. *Dialects :* HA (lUOHUA-

HAYAN-BAOXIAN), QI (GEI, TONGSHI-QIANDUI-BAOCHENG), MEIFU (MOIFAU), BENDI (ZWN, BAISHA-YUANMEN). *Classification :* Tai-Kadai, Hlai.

HMONG DAW [MWW] 60,000 in China (1987). Population total all countries 165,000 or more. All Hmong in all countries : 6,000,000 (1999 WA). *Alternate names :* WHITE MEO, WHITE MIAO, MEO KAO, WHITE LUM, PEH MIAO, PE MIAO, CHUAN MIAO, BAI MIAO. *Dialects :* HMONG GU MBA (HMONG QUA MBA, STRIPED HMONG), MONG LENG, PETCHABUN MIAO. *Classification :* Hmong-Mien, Hmongic, Chuanqiandian.

HMONG NJUA [BLU] 1,000,000 in China (1982), including about 29,000 Bunu of the Yao nationality who speak it as mother tongue (1990 J-O Svantesson). Population total all countries 1,245,000 or more. *Alternate names :* CHUANQIANDIAN MIAO, CHUANCHIENTIEN MIAO, SICHUAN-GUIZHOU-YUNNAN HMONG, TAK MIAO, MEO, MIAO, WESTERN MIAO, WESTERN HMONG. *Dialects :* XIAO HUA MIAO (ATSE, SMALL FLOWERY MIAO), TAK MIAO (CHING MIAO, GREEN MIAO, BLUE MIAO). *Classification :* Hmong-Mien, Hmongic, Chuanqiandian.

HMONG, CENTRAL HUISHUI [HMC] 30,000 (1987 Wurm et al.) Gaopa, Huishui, Guiding, Changshun, Ziyun, and Pingba counties, Guiyang City region, central portion. *Alternate names :* CENTRAL HUISHUI MIAO, MIAO. *Classification :* Hmong-Mien, Hmongic, Chuanqiandian.

HMONG, CENTRAL MASHAN [HMM] 50,000 (1987 Wurm et al.) Southwestern Guizhou, Ziyun, Changshun, Luodian, Huishui, and Wangmo counties, central portion. *Alternate names :* CENTRAL MASHAN MIAO, MIAO. *Classification :* Hmong-Mien, Hmongic, Chuanqiandian.

HMONG, CHONGANJIANG [HMJ] 70,000 (1982), half in Chong'anjiang District. Kaili City, Chong'an township, Huangping county, east central Guizhou. *Alternate names :* CHONG'ANJIANG MIAO. *Dialects :* GEJIAHUA (GE, GEDOU MIAO, KEH-DEO, GETOU, GEDANG, HUADOU MIAO). *Classification :* Hmong-Mien, Hmongic, Chuanqiandian.

HMONG, EASTERN HUISHUI [HME] 20,000 (1987 Wurm et al.) Gaopa, Huishui, Guiding, Changshu, Ziyun, and Pingba counties, Guiyang City region, eastern portion. *Alternate names :* EASTERN HUISHUI MIAO, MIAO. *Classification :* Hmong-Mien, Hmongic, Chuanqiandian.

HMONG, EASTERN QIANDONG [HMQ] 200,000 (1987 Zhang and Cao). Qiandongnan Miao Dong Autonomous Prefecture, Guizhou, and eastward into Hunan Province. *Alternate names :* EASTERN QIANDONG MIAO, HMU, MIAO, BLACK MIAO, CENTRAL MIAO, EASTERN EAST-GUIZHOU MIAO. *Classification :* Hmong-Mien, Hmongic, Qiandong.

HMONG, EASTERN XIANGXI [MUQ] 70,000 (1987 Zhang and Cao). Western Hunan, Xiangxi Tujia Miao Autonomous Prefecture, and some places in Hubei. *Alternate names :* EASTERN XIANGXI MIAO, HSIANGHSI MIAO, RED MIAO, MEO DO, RED MEO, GHAO-XONG, EASTERN WEST-HUNAN MIAO. *Classification :* Hmong-Mien, Hmongic, Xiangxi.

HMONG, LUOPOHE [HML] 40,000 (1987 Wurm et al.) Fuquan, Guiding, Longli, Kaiyang, and Kaili counties east of Guiyang, central Guizhou. *Alternate names :* LUOBOHE MIAO, XIMAHE MIAO, XIJIA MIAO. *Classification :* Hmong-Mien, Hmongic, Chuanqiandian.

HMONG, NORTHEASTERN DIAN [HMD] 200,000 (1987 et. al.) Northwestern Guizhou, northeast and central Yunnan provinces. *Alternate names :* A-HMAO, DIADONGBEI, VARIEGATED MIAO, TA HUA MIAO, TA HWA MIAO, BIG FLOWERY MIAO, HUA MIAO, HWA MIAO,

FLOWERY MIAO, NORTHEASTERN YUNNAN MIAO. *Classification :* Hmong-Mien, Hmongic, Chuanqiandian.

HMONG, NORTHERN GUIYANG [HUJ] 60,000 (1987 Wurm et al.) Suburbs of Guiyang City, Pingba, Zhenning, Kaiyang, Guiding, Qingzhen, and Anshun counties or towns, northern portion. *Alternate names :* NORTHERN GUIYANG MIAO, MIAO, *Classification :* Hmon-Mien, Hmongic, Chuanqiandian.

HMONG, NORTHERN HUISHUI [HMN] 50,000 (1987 Wurm et al.) Gaopa, Huishui, Guiding. Changshun, Ziyun, and Pingba counties, Guiyang City region, northern portion. *Alternate names :* NORTHERN HUISHUI MIAO, MIAO. *Classification :* Hmong-Mien, Hmongic, Chuanqiandian.

HMONG, NORTHERN MASHAN [HMO] 25,000 (1987 Wurm et al.) Southwetern Guizhou, Ziyun, northern portions of Changshun, Luodian, Huishui, and Wangmo counties. *Alternate names :* NORTHERN MASHAN MIAO. *Classification :* Hmong-Mien, Hmongic, Chuanqiandian.

HMONG, NORTHERN QIANDONG [HEA] 900,000 (1987 Zhang and Cao). Northeast Yunnan and upper Cingshuiho River area of southeast Guizhou (southeast, south, and southwest Guizhou Autonomous areas, Songtao County, Guanling County, Ziyun County). *Alternate names :* NORTHERN QIANDONG MIAO, CHIENTUNG MIAO, EAST GUIZHOU MIAO, HMU, MIAO, BLACK MIAO, HEH MIAO, HEI MIAO, CENTRAL MIAO, NORTHERN EAST-GUIZHOU MIAO. *Classification :* Hmong-Mien, Hmongic, Qiandong.

HMONG, SOUTHERN GUIYANG [HMY] 20,000 (1987 Wurm et al.) Suburbs of Guiyang City, Pingba, Zhenning, Kaiyang, Guiding, Qingzhen, and Anshun counties or towns, sourthern portion. *Alternate names :* SOUTHERN GUIYANG MIAO, MIAO. *Classification :* Hmong-Mien, Hmongic, Chuanqiandian.

HMONG, SOUTHERN MASHAN [HMA] 7,000 (1987 Wurm et al.) Southwestern Guizhou, southern portion of Ziyun, Changshun, Luodian, Huishui, and Wangmo counties. *Alternate names :* SOUTHERN MASHAN MIAO, MIAO. *Classification :* Hmong-Mien, Hmongic, Chuanqiandian.

HMONG, SOUTHERN QIANDONG [HMS] 300,000 (1987 Zhang and Cao). Qiandongnan Miao Dong Autonomous Prefecture, Guizhou Province, and southward into Guangxi Province. *Alternate names :* SOUTHERN QIANDONG MIAO, HMU, MIAO, BLACK MIAO, CENTRAL MIAO, SOUTHERN EAST-GUIZHOU MIAO. *Classification :* Hmong-Mien, Hmongic, Qiandong.

HMONG, SOUTHWESTERN GUIYANG [HMG] 50,000 (1987 Wurm et al.) Suburbs of Guiyang City, Pingba, Zhenning, Kaiyang, Guiding, Qingzhen, and Anshun counties or towns, southwestern portion. *Alternate names :* SOUTHWESTERN GUIYANG MIAO, MIAO. *Classification :* Hmong-Mien, Hmongic, Chuanqiandian.

HMONG, SOUTHWESTERN HUISHUI [HMH] 40,000 (1987 Wurm et al.) Gaopa, Huishui, Guiding, Changshun, Ziyun, and Pingba counties, Guiyang City region, southwestern portion. *Alternate names :* SOUTHWESTERN HUISHUI MIAO, MIAO. *Classification :* Hmong-Mien, Hmongic, Chuanqiandian.

HMONG, WESTERN MASHAN [HMW] 10,000 (1987 Wurm et al.) Southwestern Guizhou, Ziyun, Changshun, Luodian, Huishui, and Wangmo counties, western portion. *Alternate names :* Hmong-Mien, Hmongic, Chuanqiandian.

HMONG, WESTERN XIANGXI [MMR] 700,000 (1987 Zhang and Cao.) Western Hunan, Xiangxi Tujia Miao Autonomous Prefecture, Songtao County in Guizhou, Xiushan County in Sichuan, And some places in Guangxi. Possibly also in Ha Tuyen Province, northern Viet nam and in Thailand.

Alternate names : RED MIAO, MEO DO, RED MEO, WESTERN, XIANGSI MIAO, GHAO-XONG, HUAYUAN MIAO, HSIANGHSI MIAO, WEST HUNAN MIAO, WESTERN WEST-HUNAN MIAO. *Classification :* Hmong-Mien, Hmongic, Xiangxi.

HONI [HOW] 100,000 (1990 J-O Svantesson). Yunnan, near the Hani. May also be in Viet Nam. *Alternate names :* WONI, OUNI, UNI, HO, HAONI. *Dialects :* BAIHONG. *Classification :* Sino-Tibetan, Tibeto-Burman, Lolo-Burmese, Loloish, Southern, Akha, Hani, Hao-Bai.

HORPA [ERO] 35,000 (1995). Danba (= Rongzhag), Daofu (Dawu), Luhuo, Xinlong (Nyagrong) counties of the Ganzi (Garze) Tibetan Autonomous Prefecture of western Sichuan, And Jinchua (Quqen) County of the Aba (Ngawa) Tibetan-Qiang Autonomous Prefecture of northwestern Sichuan. Central and eastern Daofu County, Chengguan District, Wari, Xiajia, and Muru townships of Wari District, and Shazhong township of Bamei District; and central and nothwestern Danba County, in Geshiza, Bianer, and Dandong townships of Dasang District, Donggu township in Chuangu District, Bawang and Jinchuan townships of Jinchuan District; of Ganzi Prefecture, an area traditionallyu known as the five parts of Horpa territory. Scattered communities are also in adjacent Luhuo (in Renda township of Xialatuo District, and Xinlong in Manqing, Zhuwo, and Duoshan townships of Hexi District. *Alternate names :* HOR, HORPA, HORSOK, ERGONG, DANBA, WESTERN JIARONG, PAWANG, BAWANG. *Dialects :* DAOFU (DAOFUHUA, TAOFU), GESHIZA (GESHITSA). *Classification :* Sino-Tibetan, Tibeto-Burman, Tangut-Qiang, Gyarong.

HU [HUO] 1,000 (1984 J. Svantesson). Southwestern Yunnan Province, Mengla, Jinghong, 5 villages. *Classification :* Austro-Asiatic, Mon-Khmer, Northern Mon-Khmer, Palaungic, Western Palaungic, Angkuic.

ILI TURKI [ILI] 120 approximately, or at least 30 households in China (1980 R.F. Hahn). Population total both countries 120 or more. *Alternate names :* T'URK, TUERKE. *Classification :* Altaic, Turkic, Eastern.

IU MIEN [IUM] 884,000 speakers in China (1999), out of 2,134,013 in the official nationality (1990 census). Population total all countries, 1,329,000. *Alternate names :* YOUMIAN, YIU MIEN, YAO, MIEN, MIAN, MYEN, HIGHLAND YAO, PAN YAO, BAN YAO. *Classification :* Hmong-Mien, Mienic, Mian-Jin.

JIAMAO [JIO] 52,300 (1987 Wurm et al.) Near Wuzhi Mountain in southern Hainan Province, Baoting, Lingshui, and Qiongzhong counties. *Alternate names :* KAMAU, TAI. *Classification :* Tai-Kadai, Hlai.

JIARONG [JYA] 151,200 including 139,000 in Situ Jiarong, 12,197 in Chabao and Sidaba (1993 Lin). North central Sichuan. Situ is in the traditional territory of four chieftaincies : Zhuokeji, Suomo, Songgang, Dangba. Chabao is in the northeastern corner of Maerkang county, at Longerjia, Dazang, and Shaerzong townships in Chabao District. Sidaba is in Caodeng, Kangshan, and Ribu townships in Sidaba District of Maerkang County. Some outlier Sidaba communities are ot the north in certain villages of kehe and Rongan townships, at the southwesten corner of the Aba County; and to the west along the middle Duke River between Wuyi and Shili townships in Rangtang County, spilling over to a small area near the confluence of the Seda and Duke rivers in Seda County. *Alternate names :* JYARUNG, GYARONG, GYARUNG, RGYARONG, CHIARONG, JARONG. *Dialects :* CHABAO (DAZANG, NORTHEASTERN JIARONG), SIDABA (CAODENG, NORTHWESTERN JIARONG), SITU (EASTERN JIARONG). *Classification :* Sino-Tibetan, Tibeto-Burman, Tangut-Qiang, Gyarong.

JINGPHO [CGP] 20,000 speakers (1990 J-O Svantesson) out of an ethnic group of 119,209 in China (1990 census). Western Yunnan, Dehong Dai-Jingpo Autonomous Prefecture, Yingjiang County (Shidan dialect; Enkun dialect elsewhere in Dehong Dai-Jingpo Autonomous Prefecture). *Alternate names :* JINGPO, JINGHPAW, CHINGPAW, CHINGP'O, KACHIN, MARIP, DASHANHUA. *Dialects :* ENKUN, SHIDAN, HKAKU (HKA-HKU), KAURI (HKAURI, GAURI), DZILI (JILI), DULONG. *Classification :* Sino-Tibetan, Tibeto-Burman, Jingpho-Konyak-Bodo, Jingpho-Luish, Jingpho.

JINUO, BUYUAN [JIY] 1,000 speakers (1994) out of an ethnic group of 18,021 (1990 census). South Yunnan, Xishuanbanna Dai Autonomous Prefecture, near Laos and Myanmar borders, 53 kms. east of Jinghong. Youle Mountains. 40 villages. Over 3,000 square kms. *Alternate names :* JINO, BUYUAN. *Classification :* Sino-Tibetan, Tibeto-Burman, Lolo-Burmese, Loloish, Southern.

JINUO, YOULE [JIU] 10,000 speakers (1994) out of an ethnic group of 18,021 (1990 census). South Yunnan, Xishuanbanna Dai Autonomous Prefecture, near Laos and Myanmar borders, 53 kms. east of Jinghong. Youle Mountains. 40 villages. Over 3,000 square kms. *Alternate names :* JINO, YOULE. *Classification :* Sino-Tibetan, Tibeto-Burman, Lolo-Burmese, Loloish, Southern.

KADO [KDV] 100,000 in China (1990 J-O Svantesson). South Yunnan. *Alternate names :* KADU, KATU, KATO, KUDO, GADO, ASAK, SAK, THET, THAT, MAWTEIK, PUTEIK. *Dialects :* KADU, GANAAN (GANAN), ANDRO, SENGMAI, CHAKPA, PHAYENG. *Classification :* Sino-Tibetan, Tibeto-Burman, Jingpho-Konyak-Bodo, Jingpho-Luish, Luish.

KADUO [KTP] 4,000 to 6,200 in China (1994). South central

Yunnan Province, Hexi District of Tonghai County. *Alternate names :* GAZHUO, KADO, KADU. *Classification :* Sino-Tibetan, Tibeto-Burman, Burmese-Lolo, Lolo, Southern, Akha, Hani, Bi-Ka.

KALMYK-OIRAT [KGZ] 139,000 Oirat in China (1989 Wurm et al.), including 106,000 Torgut, 33,000 Kok Nur. Bayan Gool Autonomous Prefecture and Bortala Autonomous Prefecture. *Alternate names :* OIRAT, WEILATE, XINJIANG MONGOLIAN, WESTERN MONGOL. *Dialects :* JAKHACHIN, BAYIT, MINGAT, OLOT (OOLD, ELYUT, ELEUTH), KHOSHUT (KHOSHUUD). *Classification :* Altaic, Mongolian, Eastern, Oirat-khalkha, Oirat-Kalmyk-Darkhat.

KANG [KYP] 34,065 in China (1993). Southwest Yunnan. *Classification :* Tai-Kadai, Kam-Tai, Be-Tai, Tai-Sek, Tai, Unclassified.

KAZAKH [KAZ] 1,111,718 in China (1990 census), including 830,000 Northeastern Kazakh, 70,000 Southwestern Kazakh (1982). North Xinjiang (Yili Kazakh Autonomous Prefecture), east Xinjiang (Mulei Kazakh Autonomous County and Balikun Kazakh Autonomous County), northwest Gansu (Akesai Kazakh Autonomous County), and northwest Qinghai provinces. *Alternate names :* KAZAK, KAZAX, HAZAKE. *Dialects :* NORTHEASTERN KAZAKH, SOUTHWESTERN KAZAKH. *Classification :* Altaic, Turkic, Western, Aralo-Caspian.

KEMIEHUA [KFJ] 1,000 (1991). Jinghong County, Xishuangbanna Dai Autonomous Prefecture, southwestern Yunnan Province. *Classification :* Austro-Asiatic, Mon-Khmer, Unclassified.

KHAKAS [KJH] 10 fluent speakers out of 875 in ethnic group in China (1982 census). Fuyu County, north of Qiqihar, in Heilongjiang Province. *Alternate names :* KHAKHAS, KHAKHASS, ABAKAN TATAR, YENISEI TATAR.

Dialects : SAGAI, BELTIR, KACHA, KYZYL, SHOR, KAMASSIAN. *Classification :* Altaic, Turkic, Northern.

KHAMS [KHG] 1,487,000 (1994), including 996,000 Eastern, 135,000 Southern, 158,000 Western, 91,000 Northern, 77,000 Jone, 30,000 Hbrugchu. Northeastern Tibet, Changdu (Qamdo) and Naqu (Nagqu) districts; Ganzi (Garze) Tibetan Autonomous Prefecture in western Sichuan; Diqing (Deqen) Tibetan Autonomous Prefecture in northwestern Yunnan Province; and Yushu Tibetan Autonomous Prefecture in southwestern Qinghai Province. *Alternate names :* KHAMS-YAL, KHAMS BHOTIA, KHAMBA, KHAMPA, KANG *Dialects :* EASTERN KHAMS, SOUTHERN KHAMS, WESTERN KHAMS, NOTHERN KHAMS, HBRUGCHU, JONE. *Classification :* Sino-Tibetan, Tibeto-Burman, Himalayish, Tibeto-Kanauri, Tibetic, Tibetan, Northern.

KHMU [KJG] 1,600 in China (1990). Mengla and Jinghond counties of Xishuangbanna Prefecture, southwestern Yunnan. *Alternate names :* KAMMU, KHAMU, KHAMUK, KAMHMU, KAMU, KEMU, KHOMU, MOU, LAO TERNG, POUTENG, THENG. *Classification :* Austro-Asiatic, Mon-Khmer, Northern Mon-Khmer, Khmuic, Mal-Khmu, Khmu.

KHUEN [KHF] 1,000 in China (1993). *Alternate names :* KWEEN, KHWEEN, KHOUEN. *Classification :* Austro-Asiatic, Mon-Khmer, Northern Monkhmer, Khmuic, Mal-Khmu, Khmu.

KIM MUN [MJI] 107,000 in China (1982), including 41,000 in Hainan Province (1982). Population total all countries 280,000. *Alternate names :* MUN, KEM MUN, GEM MUN, JIM MUN, JINMEN, KIMMUN, MEN,. MAN LANTIEN, LANTEN, LAN TIN, LOWLAND YAO, CHASAN YAO, SHANZI YAO, HAINAN MIAO. *Classification :* Hmong-Mien, Mienic, Mian-Jin.

KIRGHIZ [KDO] 141,549 in China (1990 census), including 50,000 in North Kirghiz, 50,000 in South Kirghiz. West and southwest Xinjiang. *Alternate names :* KIRGIZ, KARA, KE'ERKEZ, *Classification :* Altaic, Turkic, Western, Aralo-Caspian.

KON KEU [ANG] *Classification :* Austro-Asiatic, Mon-Khmer, Northern Mon-Khmer, Palaungic, Western Palaungic, Angkuic.

KOREAN [KKN] 1,920,597 in China (1990 census). Inner Mongolia. 46% of Koreans in China live in Hyanbian Korean Autonomous District along Tumen River, Jilin (Kirin). *Classification :* Language Isolate.

KUANHUA [QAK] 1,000 (1991). Jinghong County, Xishuangbanna Dai Autonomous Prefecture, southwestern Yunnan Province. *Classification :* Austro-Asiatic, Mon-Khmer, Unclassified.

KYERUNG [KGY] Tibet. *Classification :* Sino-Tibetan, Tibeto-Burman, Bodic, Bodish, Tibetan, Unclassified.

LACHI [LBT] 1,153 speakers out of 1,634 in China in 306 households (1990 Liang Min), including 193 Bag Lachi in 37 households, 852 Han Lachi in 179 households, 157 Red Lachi in 27 households, 432 Flowery Lachi in 72 households. Yunnan Province, Wenshan Zhuang-Miao Autonomous Prefecture, southern Maguan County, several villages : Bag Lachi in Nanlao Township, Han Lachi in Renhe and Jiahanqing townships, Red Lachi in Xiaobazi Township, and Flowery Lachi in Jinchang. *Alternate names :* LA CHI, LATI, TAI LATI, LACHI, LAJI, LIPULIO, I TO, Y TO, Y POONG, Y MIA, KU TE. *Dialects :* LIPUTE (BAG LACHI), LIPUTCIO (HAN LACHI), LIPUKE (RED LACHI), LIPULIONGTCO (FLOWERY LACHI), LIPUTIO (BLACK LACHI), LIPUPI (LONG-HAIRED LACHI). *Classification :* Tai-Kadai, Kadai, Ge-Chi.

LADAKHI [LBJ] 12,000 in China (1995). Western. Tibet. *Alternate names :* LADAPHI, LADHAKHI, LADAK, LADWAGS. *Dialects :* LEH (CENTRAL LADAKHI), SHAMMA, (SHAM, SHAMSKAT, LOWER LADAKHI), NUBRA LADAKHI. *Classification :* Sino-Tibetan, Tibeto-Burman, Himalayish, Tibeto-Kanauri, Tibetic, Tibetan, Western, Ladakhi.

LAHU [LAH] 411,476 in China (1990 census), including 240,000 Na, probably including Kutsung and Laopang. Population total all countries 580,000 (1981 Wurm and Hattori). *Alternate names :* LOHEI, LAHUNA, LAKU, KAIXIEN, NAMEN, MUSSUH, MUHSO, MUSSO, MUSSAR, MOSO. *Dialects :* NA (BLACK LAHU, MUSSER DAM, NORTHERN LAHU, LOHEIRN), NYI (RED LAHU, SOUTHERN LAHU, MUSSEH DAENG, LUHISHI, LUHUSHI), SHEHLEH. *Classification :* Sino-Tibetan, Tibeto-Burman, Lolo-Burmese, Loloish, Southern, Akha, Lahu.

LAHU SHI [KDS] 5,000 in China (1984). Southern Yunnan. *Alternate names :* LAHU XI, KUTSUNG, KUCONG, KUR, SHI, YELLOW LAHU, KWI. *Classification :* Sino-Tibetan, Tibeto-Burman, Lolo-Burmese, Loloish, Southern, Akha, Lahu.

LAKKIA [LBC] 8,703 speakers (1995 McConnell) out of 11,503 ethnic Lakkia. Jinxiu Yao Autonomous County of eastern Guangxi Zhuang Autonomous Region. *Alternate names :* LAKKJA, LAKJA, KAKIA, LAJIA, TAI LAKA, LAKA, CHASHAN YAO, TEA MOUNTAIN YAO. *Classification :* Tai-Kadai, Kam-Tai, Lakkja.

LAQUA [LAQ] 307 in China, or 58 households (1990 Zhang Junru). Yunnan Province, Wenshan Zhuang-Miao Autonomous Prefecture, Malipo County, Tiechang, Matong, Punong, Pucha, and Pufeng towns. *Alternate names :* PUBIAO, PUPEO, PU PEO, KA BIAO, KA BAO, KA BEO, KABEO,

QABIAO. *Classification :* Tai-Kadai, Kadai, Yang-Biao.

LASHI [LSI] Luxi, Longchuan, Yingjiang, and Ruili counties, Dehong Dai-Jingpo Autonomous Prefecture, western Yunnan. *Alternate names :* LASI, LEQI, LETSI, LACHIKWAW, CHASHANHUA, ACYE. *Classification :* Sino-Tibetan, Tibeto-Burman, Lolo-Burmese, Burmish, Northern.

LAWA, WESTERN [LCP] 75,000 in China, including 30,000 in the Blang nationality, 45,000 in the Va nationality (1990 J-O Svantesson). Population total both countries 82,000. *Alternate names :* WA, WA PROPER, LAVA, LUWA, LUA, L'WA, LAVUA, LAVUA, MOUNTAIN LAWA. *Classification :* Austro-Asiatic, Mon-Khmer, Northern Mon-Khmer, Palaungic, Western Palaungic, Waic, Lawa.

LHOMI [LHM] 1,000 in Tibet. Tibet. *Alternate names :* LHOKET, SHING SAAPA. *Classification :* Sino-Tibetan, Tibeto-Burman, Himalayish, Tibeto-Kanauri, Tibetic, Tibetan, Central.

LINGAO [ONB] 520,000 (1982 census) in the ethnic group, including 350,000 Lincheng, 170,000 Qiongshan. The number of speakers is unclear (A Diller). North central coast of Hainan, entire Lingao county, parts of Danxian, Chengmai, and Qiongshan counties, and suburbs of Haikou city. *Alternate names :* VO LIMKOU, LIMKOW, LINKOW, ONGBE, ONG-BE, BE. *Dialcets :* LINCHENG (LINGAO PROPER-DENGMAI), QIONGSHAN. *Classification :* Tai-Kadai, Kam-Tai, Be-Tai, Be.

LIPO [TKL] 60,068 (1993) Around Taku, east Yunnan, highland areas. *Alternate names :* EASTERN LISU, TAKU LISU, HE LISU, BLACK LISU, TAKU. *Classification :* Sino-Tibetan, Tibeto-Burman, Lolo-Burmese, Loloish, Northern, Lisu.

LISU [LIS] 515,000 in China (1990). Population total all countries 657,000. *Alternate names :* LISSU, LISAW,

LI-SHAW, LI-HSAW, LU-TZU, LESUO, LI, LISHU, LISO, LEISU, LESHUOOPA, LOISU, SOUTHERN LISU, YAO YEN, YAW-YEN, YAW YIN, YEH-JEN, CHUNG, CHELI, CHEDI, LIP'A, LUSU, KHAE. *Dialects :* HUA LISU (FLOWERY LISU), PAI LISU (WHITE LISU), LU SHI LISU. *Classification :* Sino-Tibetan, Tibeto-Burman, Lolo-Burmese, Loloish, Northern, Lisu.

LU [KHB] 250,000 in China (1990 J-O Svantesson) to possibly 770,000 or 75% of the Dai (1990 A. Diller). Population total all countries 551,700. *Alternate names :* TAI LU, LUE, LY, LU, DAI LE, XISHUANGBANNA DAI, SIPSONGPANNA DAI, PAI-I, PAI'I', SHUI-PAI-I. *Classication :* Tai-Kadai, Kam-Tai, Be-Tai, Tai-Sek, Tai, Southwestern, East Central, Northwest.

LUOBA, BOGA'ER [ADI] 3,000 in China (1994). Lhunze and Mainling counties in southeast Tibet, south of the Yaluzangjiang River in the Luoyu area. *Alternate names :* LHOBA, LHO-PA, BOGA'ER, BENGNI-BOGA'ER, BOKAR, ADI-BOKAR, ADI, ABOR. *Classification :* Sino-Tibetan, Tibeto-Burman, North Assam, Tani.

LUOBA, YIDU [CLK] 7,000 in China (1994). Lhunze and Mainling couties in southeast Tibet, in the Danba River valley and adjoining mountain slopes, near the Bhutan border. *Alternate names :* LHOBA, LHO-PA, YIDU, IDU MISHMI, CHULIKATA. *Classification :* Sino-Tibetan, Tibeto-Burman, North Assam, Tani.

MACANESE [MZS] 4,000 in Hong Kong (1977 Voegelin and Voegelin) and a few in Macau (1996 lan Watts), out of 8,500 in the ethnic group (1985). Hong Kong and Macau. Possibly in USA. *Alternate names :* MACAO CREOLE PORTUGUESE, MACAENSE. *Classification :* Creole, Portuguese based.

MAK [MKG] 10,000 or more (1982 census). Yangfeng, Fangcun,

Jialiang, and Di'e villages in northwetern Libo County in Guizhou Province, and some in neighboring Dushan County, Guuzhou. *Alternate names :* MO, MOHUA, MO-HUA, CHING, MOJIAHUA, MOCHIAHUA. *Dialcets :* MAK, CHI, CHING (CHAM), HWA, LYO. *Classification :* Tai-Kadai, Kam-Tai, Kam-Sui.

MAN MET [MML] 900 (1984 J. Svantesson). Southwestern Yunnan Province, 5 communities in Xishuangbanna near the Hu. *Alternate names :* MANMIT, MANMI. *Classification :* Austro-Asiatic, Mon-Khmer, Northern Mon-Khmer, Palaungic, Western Palaungic, Angkuic.

MANCHU [MJF] 20 to 70 speakers (1995 M. Krauss) out of 1,821,180 in the ethnic group (1990 census). Heilongjiang, a few Manchu-speaking villages in Aihui and Fuyu counties. The ethnic group is in Heilongjiang, Jilin, and Liaoning provinces. There may also by members of the ethnic group in North Korea and Siberia. *Alternate names :* MAN. *Classification :* Altaic, Tungus, Southern, Southwest.

MANG [MGA] 500 in China. Yunnan, Jinping County, Hani-Yi Autonomous Prefecture. *Alternate names :* MANG U, XAMANG, CHAMAN, MANBU, BA'E. *Classification :* Austro-Asiatic, Mon-Khmer, Northern Mon-Khmer, Mang.

MAONAN [MMD] 37,000 speakers out of an ethnic group of 71,968 (1990 census). Xianan area of Huanjiang Maonan Autonomous County in north central Guangxi Zhuang Autonomous Region. A few in nearby Hechi, Yishan, Nandan, and Du'an counties. *Alternate names :* Al NAN. *Classification :* Tai-Kadai, Kam-Tai, Kam-Sui.

MARU [MHX] (Over 10,000 households in China; 1999). Western Yunnan, Luxi, Longchuan, Yingjiang, Ruili, and Lianghe counties of the Dehong Dai-Jingpo Autonomous Prefecture. *Alternate names :* MATU, MALU, LAWNG, LAUNGWAW, LAUNGAW, LANGSU, LANG'E, NYKY,

DISO, ZI, LHAO VO. *Classificaton :* Sino-Tibetan, Tibeto-Burman, Lolo-Burmese, Burmish, Northern.

MOINBA [MOB] 30,000 speakers in China (1990 J-O Svantesson), although the 1990 census gives only 7,475 in the official nationality. To the east of Bhutan, partly in southeastern Tibet, mainly on the Yarlung-Zanbo River, Medog, Nyinchi, Cuona counties. There may be speakers in Bhutan. *Alternate names :* MENBA, CUONA MENBA, CUONA MONPA, MENPA, MONPA, MONBA, MOMPA, MOMBA. *Dialects :* NORTHERN CUONA, SOUTHERN CUONA. *Classification :* Sino-Tibetan, Tibeto-Burman, Himalayish, Mahakiranti, Kiranti, Eastern.

MONGOLIAN, PERIPHERAL [MVF] 3,381,000 (1982 estimate), 4,806,849 including Buriat and Tuvin (1990 census). 299,000 Chakhar, 317,000 Bairin, 1,347,000 Khorain, 593,00 Karachin, 123,000 Ordos, 34,000 Ejine (1982 census). Population total both countries 3,381,000 or more. *Alternate names :* MONGOL, MONGGOL, MENGGU, SOUTHERN-EASTERN MONGOLIAN, INNER MONGOLIAN. *Dialects :* CHAHAR (CHAHA'ER, CHAKHAR, QAHAR), ORDOS (E'ERDUOSITE), TUMUT (TUMET), SHILINGOL (UJUMCHIN), ULANCHAB (URAT, MINGAN), JO-UDA (BAIRIN, BALIN, NAIMAN, KESHIKTEN), JOSTU (KE'ERQIN, KHARCHIN, KHARACHIN, KHARCHIN-TUMUT, EASTERN TUMUT), JIRIM (KALAQIN, KHORCHIN, JALAIT, GORLOS), EJINE. *Classification :* Altaic, Mongolian, Eastern, Oirat-Khalkha, Khalkha-Buriat, Mongolian Proper.

MULAM [MLM] 159,328 (1990 census). Luocheng Mulam Autonomous County (90% in Dongmen and Siba communes), and adjacent counties in north central Guizhou Province; and in Majiang and Kaili City in Guizhou Province. *Alternate names :* MULAO, MOLAO, MULOU, MULIAO, MULAO MIAO, ABO, AYO.

Classification : Tai-Kadai, Kam-Tai, Kam-Sui.

MUYA [MVM] 15,000 (1995). West central Sichuan (Kangbo and Juilong) (Gyaisi) in the Ganzi (Garze) Tibetan Autonomous Prefecture and Simian County in the Ya'an District. *Alternate names :* MIYAO, MINYAK, MANYAK. *Classification :* Sino-Tibetan, Tibeto-Burman, Tangut-Qiang, Qiangic.

NAMUYI [NMY] 5,000 (1982). Mianning, Muli, Xichang, and Yanyuan counties of the Liangshan Yi Autonomous Prefecture, and Jiulong (Gyaisi) County in the Ganzi (Garze) Tibetan Autonomous Prefecture of southwestern Sichuan. *Alternate names :* NAMUZI. *Classification :* Sino-Tibetan, Tibeto-Burman, Tangut-Qiang, Qiangic.

NANAI [GLD] 40 speakers out of 4,245 in the ethnic group in China (1990 census). Sanjiang plain in the northeastern corner of Heilongjiang Province, near where the Heilong, Songhua, and Wusuli rivers merge, with most in Tongjiang county, Bacha and Jiejinkou villages and in Sipai village in Raohe County. *Alternate names :* GOLDI, GOLD, SUSHEN, JUCHEN. *Dialects :* HEZHEN (HEZHE, HECHE), QILENG (KILI, KILEN). *Classification :* Altaic, Tungus, Southern, Southeast, Nanaj.

NAXI [NBF] 278,009 (1990 census) including 225,000 in Yunnan, 20,000 in Sichuan. Most (200,000) in Lijiang Naxi Autonomous County, northwestern Yunnan. Some scattered through Weixi, Zhongdian, Ninglang, Deqing, Yongsheng, Heqing, Jianchuan, and Lanping counties. Some in Yanyuan, Yanbian, and Muli counties of Sichuan Province . A few in Mangkang county, southeastern Tibet. Possibly also in Myanmar. *Alternate names :* NAHSI, NASI, NAKHI, LOMI, MU, 'MOSO', 'MOSSO', 'MO-SU'. *Dialects :* LICHIANG (LIJIANG), LAPAO, LUTIEN. *Classification :* Sino-Tibetan, Tibeto-Burman, Lolo-

Burmese, Naxi.

NUSU [NUF] 9,000 speakers (1994), including 2,000 in Northern Nusu, 3,000 in Southern Nusu, and 4,000 in Central Nusu. Bijiang County in Nujiang Prefecture of northwestern Yunnan. *Dialects :* NOTHERN NUSU, SOUTHERN NUSU, CENTRAL NUSU. *Classification :* Sino-Tibetan, Tibeto-Burman, Lolo-Burmese, Loloish, Unclassified.

OROQEN [ORH] 2,240 speakers (1982) out of 6,965 in official nationality (1990 census). Huma, Aihui, Sunko districts, Great Xingan Ridge, Heilongjiang Province. Possibly eastern Siberia. *Alternate names :* OROCHON, ORONCHON, OLUNCHUN, ELUNCHUN, ULUNCHUN. *Classification :* Altaic, Tungus, Northern; Evenki.

PALAUNG, PALE [PCE] 5,000 in China (1995). Western Yunnan, Luxi County, just east of Rumai. *Alternate names :* DLANG, NGWE PALAUNG, SILVER PALAUNG, PALE, PALAY, BULAI, PULEI, SOUTHERN TA'ANG. *Dialects :* BULEI, RAOJIN. *Classification :* Austro-Asiatic, Mon-Khmer, Northern Mon-Khmer, Palaungic, Eastern Palaungic, Palaung.

PALAUNG, RUMAI [RBB] 2,000 in China (1995). Far western Yunnan, Longchuan and Ruili counties. *Alternate names :* RUMAI, RUOMAI, HUMAI. *Classification :* Austro-Asiatic, Mon-Khmer, Northern Mon-Khmer, Palaungic Eastern Palaungic, Palaung.

PALAUNG, SHWE [SWE] 2,000 in China (1995 SIL). Yunnan. *Alternate names :* TA-ANG PALAUNG, GOLDEN PALAUNG, SHWE. *Classification :* Austro-Asiatic, Mon-Khmer, Northern Mon-Khmer, Palaungic, Eastern Palaungic, Palaung.

PALYU [PLY] 10,000 (1993). Other reports say 150 (1995), and 800 (1996). Far western Guangxi on the Guizhou border, Xilin and Longlin counties, in 2 groups. There may be some in Yunnan. *Alternate names :* PALJU, BOLYU, LAI.

Classification : Austro-Asiatic, Mon-Khmer, Palyu.

PANANG [PCR] Tibet. *Alternate names :* PANAGS, PANAKHA, PANANAG, BANAG, BANANG, SBANAG, SBRANGA. *Classification :* Sino-Tibetan, Tibeto-Burman, Himalayish, Tibeto-Kanauri, Tibetic, Tibetan, Central.

PARAUK [PRK] 180,000 speakers (1990) out of 351,974 in the official Wa nationlity in China (1990 cesus). Awa Mountains, southwest Yunnan as far east as the Lancang (Mekong) River. *Alternate names :* WA, PRAOK, BARAOG, BAROKE. *Classification :* Austro-Asiatic, Mon-Khmer, Northern Mon-Khmer, Palaungic, Western Palaungic, Waic, Wa.

PUMI, NORTHERN [PMI] 35,000 speakers (1999): 24,000 in the Pumi nationality, 30,000 in the Tibetan nationality (1994). Southwestern Sichuan, Muli, Yanyaun, and Kiulong counties; and nothwestern Yunnan, Yongning District of Ninglang County. *Alternate names :* P'UMI, PIMI, PRIMMI, PRUUMI, P'OMI, P'ROME, CH'RAME. *Dialects* : TAOBA *Classification :* Sino-Tibetan, Tibeto-Burman, Tangut-Qiang, Qiangic.

PUMI, SOUTHERN [PUS] 19,000 speakers (1999) : 24,000 in the Pumi nationality, 30,000 in the Tibetan nationality (1994). Northwestern Yunnan Province, Lanping, Weixi, Yongsheng and Lijiang counties, and Xinyingpan District of Ninglang County. *Alternate names :* P'UMI, PIMI, PRIMMI, PRUUMI, P'OMI, P'ROME, *Dialects :* QINGHUA. *Classification :* Sino-Tibtan, Tibeto-Burman, Tangut-Qiang, Qiangic.

QIANG, NORTHERN [CNG] 57,800 (1999). 130,000 speakers in all Qiang languages, including 80,000 in the Qiang nationality and 50,000 in the Tibetan nationality (1990 J-O Svantesson). 198,252 ethnic population in the Qiang nationality (1990 census). North central Sichuan Province, Heishuihe River basin northward through most of Heishui

County. *Alternate names :* CH'IANG. *Dialects :* YADU, WEIGU, CIMULING, LUHUA. *Classification :* Sino-Tibetan, Tibeto-Burman, Tangut-Qiang, Qiangic.

QIANG, SOUTHERN [QMR] 81,300 (1999 Jonathan Evans). Speakers in all Qiang languages, including 80,000 in the Qiang nationality and 50,000 in the Tibetan nationality; 1990 J-O Svantesson. 198,252 people in the Qiang natinality; (1990 census) . North central Sichuan Province, along the Minjiang River basin between Zhenjiangguan in Songpan County to the north and Wenchuan and Li counties to the south, as far east as beichuan County. *Alternate names :* CH'IN\ANG. *Dialects :* DAJISHAN, TAOPING, LONGXI, MIANCHI, HEIHU, SANLONG, JIAOCHANG. *Classification :* Sino-Tibetan, Tibeto-Burman, Tangut-Qiang, Qiangic.

QUEYU [QEY] 7,000 (1995). Xinlong (Nyagrong), Yajiang (Nyagquka) and Litang counties in the Ganzi (Garze) Tibetan Autonomous Prefecture of western Sichuan. *Alternate names :* ZHABA. *Classification :* Sino-Tibetan, Tibeto-Burman, Tangut-Qiang, Qiangic.

RIANG [RIL] 3,000 in China (1995). Western Yunnan, vicinities of Zhenkang and Baoshan. *Alternate names:* RIANG-LANG, LIANG, YANG SEK, YANG WAN KUN, YIN, YANGLAM. *Classification :* Austro-Asiatic, Mon-Khmer, Northern Mon-Khmer, Palaungic, Eastern Palaungic, Riang.

RUSSIAN [RUS] 13,504 in China (1990 census). North Xinjiang, including Urumqi, and Heilongjiang. *Alternate names :* OLOSSU, ELUOSI, RUSS, RUSSKI. *Classification :* Indo-European, Slavic, East.

SALAR [SLR] 55,000 speakers (1982) out of 87,697 in the official nationality (1990 cesus). Xunhua Salar Autonomous County and Hualong Hui Autonomous County in Qinghai Province, Jishishan Autonomous County in Gansu Province, and Yining in Xinjiang. *Alternate names :* SALA.

Dialects : JIEZI, MENGDA. *Classification :* Altaic, Turkic, Southern.

SAMEI [SMH] Small. Yunnan. *Classification :* Sino-Tibetan, Tibeto-Burman, Lolo-Burmese, Loloish, Northern.

SAMTAO [STU] 100 in China (1993). *Alternate names :* SAMTAU, SAMTUAN. *Classification :* Austro-Asiatic, Mon-Khmer, Northern Mon-Khmer, Palaungic, Western Palaungic, Angkuic.

SARIKOLI [SRH] 20,500 (1982 estimate), out of 33,538 'Tajik' (1990 census). Southwest Xinjiang, in and around Taxkorgan (Tashkurghan), Sarikol Valley. *Alternate names :* SARYKOLY, TAJIK, TADZIK, TAJIKI. *Classification :* Indo-European, Indo-Iranian, Iranian, Eastern, Southeastern, Pamir, Shugni-Yazgulami.

SHANGZHAI [JIH] North central Sichuan, near the confluence of the Duke River and its tributary Zhongke River in Shili, Zongke, and Puxi townships, Shangzhai District, southern Rangthang County. *Alternate names :* SHANGZHAI, WESTERN JIARONG. *Dialects :* DAYILI, ZONGKE, PUXI. *Classification :* Sino-Tibetan, Tibeto-Burman, Tangut-Qiang, Gyarong.

SHE [SHX] 965 speakers including 579 Luofu, 386 Lianhua (1995 McConnell) out of ethnic group of 630,378 (1990 census), including 270,000 in Fujian and a smaller group in Guangdong. Southeastern Guangdong Province, (Lianhua dialect in Harifeng and Huidong conties; Luofu dialect in Boluo and Zengcheng clunties). *Alternate names :* HUO NTE, HO NTE. *Dialects :* LUOFU (EASTERN SHE), LIANHUA (WESTERN SHE). *Classification :* Hmong-Mien, Ho Nte.

SHERPA [SCR] 800 speakers in China (1994). Tibet. *Alternate names :* SHARPA, SHARPA BHOTIA, XIAERBA, SERWA. *Classification :* Sino-Tibetan, Tibeto-Burman, Himalayish, Tibeto-Kanauri, Tibetic, Tibetan, Southern.

SHIXING [SXG] Muli Tibetan Autonomous County in the Liangshan Yi Autonomous Prefecture of southwestern Sichuan. *Classification :* Sino-Tibeta, Tibeto-Burman, Tangut-Qiang, Qiangic.

SUI [SWI] 345,993 in China (1990 census). Population total both countries 346,000. *Alternate names :* SHUI, AI SUI, SUI LI, SUIPO. *Dialects :* SANDONG (SAN TUNG), YANG'AN, PANDONG. *Classification :* Tai-Kadai, Kam-Tai, Kam-Sui.

T'EN [TCT] 20,000 (1982 census). A few villages in Huishui, just south of Guiyang, and Pingtang and Dushan counties, Guizhou. *Alternate names :* THEN, YANGHUANG. *Classification :* Tai-Kadai, Kam-Tai, Kam-Sui.

TAI HONGJIN [TIZ] 150,000 (1995 Luo Meizhen). Scattered communities in Honghe, Jinshajiang, Yuanyang, Yuanjiang, Xinping, Maguan, Wuting, and Sichuan north of the Yangtze at Huili and Takou. *Classification :* Tai-Kadai, kam-Tai, Br-Tai, Tai-Sek, Tai, Southwestern, Unclassified.

TAI NUA [TDD] 250,000 in China (1990 J-O Svantesson) out of 1,025,128 in the official nationality (1990 census). Population total all counties 442,400. *Alternate names :* DAI NUEA, TAI NEUA, TAI NUE, TAI NU, DAI NA, DEHONG DAI, DEHONG, TAI DEHONG, TAI LE, TAI-LE, DAI KONG, TAI-KONG, TAI MAI, CHINESE SHAN, CHINESE TAI, YUNANNESE SHAN, YUNNAN SHANT'OU. *Dialects :* DEHONG, TAI PONG (LA, YOU, YA, KA, TAI KA, SAI), YONGREN. *Classification :* Tai-Kadai, Kam-Tai, Be-Tai, Tai-Sek, Tai, Southwestern, East Central Northwest.

TAI YA [CUU] 34,000 or more (1982). Central Yunnan Province, Xinping Yi-Dai Autonomous County, Mosha District. *Alternate names :* TAI-CUNG, TAI-CHUNG, TAI CUNG, CUNG, DAIYA, YA. *Classification :* Tai-Kadai, Kam-Tai, Be-Tai, Tai-Sek, Tai, Southwestern, Unclassified.

TAKPA [TKK] *Alternate names :* DWAGS. *Classification :* Sino-Tibetan, Tibeto-Burman, Himalayish, Tibeto-Kanauri, Tibetic, Tibetan, Western, Ladakhi.

TATAR [TTR] 1,000 speakers out of 4,873 in the official nationality in China (1990 census). North Xinjiang, mainly in Yining (Ghulja, Kulja), Qvqek, and Urluqi, *Alternate names :* TARTAR, TATA'ER. *Classification :* Altaic, Turkic, Western, Uralian.

TIBETAN [TIC] 1,066,200 in China (1990 census), including 570,000 Dbus, 460,000 Gtsang, 40,000 Mngahris out of 4,593,000 in the official nationality. Population total all countries 1,254,000. *Alternate names :* WEI, WEIZANG, CENTRAL TIBETAN, BHOTIA, ZANG, PHOKE, DBUS, DBUSGTASANG, U. *Dialects :* GTSANG (TSANG), DBUS, MNGAHRIS (NGARI). *Classification :* Sino-Tibetan, Tibeto-Burman, Himalayish, Tibeto-Kanauri, Tibetic, Tibetan, Central.

TINANI [LBF] 450 to 1,600 in China (1977 Voegelin and Voegelin). Western Tibet border. *Alternate names :* LAHULI TINAN, BHOTIA OF LAHUL, LAHAULI, LAHOULI, RANGLOI, GONDLA. *Classification :* Sino-Tibetan, Tibeto-Burman, Himalayish, Tibeto-Kanauri, Western Himalayish, Kanauri.

TSAT [HUQ] 4,500 (1991 I. Maddieson). Southern Hainan, villages of Huixin and Huihui in the Yanglan suburban district of Sanya City. *Alternate names :* UTSAT, UTSET, HUIHUI, HUI, HAINAN CHAM. *Classification :* Austronesian, Malayo-Polynesian, Western Malayo-Polynesian, Sundic, Malayic, Achinese-Chamic, Chamic, North.

TSEKU [TSK] Tibet. Possibly only in Tibet. Also spoken in Bhutan, Nepal. *Alternate names :* TSUKU, TZUKU. *Classification :* Sino-Tibetan, Tibeto-Burman, Himalayish, Tibeto-Kanauri, Tibetic, Tibetan, Central.

TSHANGLA [TSJ] 7,000 in China (1967). Southeastern Tibet, Motuo

(Medoz) and Linzhi (Ngingchi) counties, including Padma-bkot (Pemak), just north of (and possibly on both sides of) the McMahon line, and clustered near the Tshangpo (Siang) River. *Alternate names :* SANGLA, TSANGLA, CANGLUO MENBA, NOTUO MENBA, MENBA, MONBA, MONPA, CENTRAL MONPA. *Classification :* Sino-Tibetan, Tibeto-Burman, Himalayish, Tibeto-Kanauri, Tibetic, Bodish, Tshangla.

TU [MJG] 90,000 speakers (1982) out of 191,624 in the official nationality (1990 census). East Qinghai Province. *Alternate names :* MONGOUR, MONGOR. *Dialects :* HUZHU, MINHE. *Classification :* Altaic, Mongolian, Eastern, Mongour.

TUJIA, NORTHERN [TJI] 170,000 to 200,000 speakers (1982) out of 5,704,223 in the official nationality (1990 census). Northwest Hunan, Hubei, Guizhou in Yingjiang and Yanhe counties. *Alternate names :* TUCHIA, TUDJA. *Dialects :* LONGSHAN, BAOJING. *Classification :* Sino-Tibetan, Tibeto-Burman, Tujia.

TUJIA, SOUTHERN [TJS] 4,000 speakers (1994) out of 5,704,223 in the official nationality (1990 census). Northwest Hunan, Hubei, Guizhou in Yingjiang and Yanhe counties. *Alternate names :* TUCHIA. *Classification :* Sino-Tibetan, Tibeto-Burman, Tujia.

TUVIN [TUN] 400 in China (1990). Burjin, Habahe, Fuyun, and Altay counties of Altay Prefecture, Yinjiang Autonomous Region. *Alternate names :* DIBA, KOK, MUNGAK, TUWA. *Classification :* Altaic, Turkic, Northern.

U [UUU] 3,000 (1990 J-O Svantesson). Southwestern Yunnan Province. *Alternate names :* PUMAN, P'UMAN. *Classification :* Austro-Asiatic, Mon-Khmer, Northern Mon-Khmer, Palaungic, Western Palaungic, Angkuic.

UYGHUR [UIG] 7,214,431 in China (1990 census), including 4,700,000 Central Uyghur, 1,150,000 Hotan, 25,000 Lop.

Population total all countries 7,595,512 or more. *Alternate names :* UIGHUR, UYGUR, UIGUR, UIGHUIR, UIGUIR, WEIWUER, WIGA. *Dialects :* CENTRAL UYGHUR, HOTAN (HETIAN), LOP (LUOBU). *Classification :* Altaic, Turkic, Eastern.

UZBEK, NORTHERN [UZB] 3,000 speakers out of 14,502 in the official nationality in China (1990 census). North and west Xinjiang; Urumqi, Kashgar, and Yining (Ghulja) cities, especially lli. *Alternate names :* OZBEK, OUZBEK, USBEKI, USBAKI. *Classification :* Altaic, Turkic, Eastern.

VIETNAMESE [VIE] 6,000 speakers out of 18,915 in the official nationality in China (1990 census). On the Shanxin, Wanwei, and Wutou peninsulas in the Jangping region of the Fangcheng Pan-Nationality Autonomous County on the south coast of Guangxi Province. *Alternate names :* JING, GIN, KINH, CHING, ANNAMESE. *Classification :* Austro-Asiatic, Mon-Khmer, Viet-Moung, Vietnamese.

VO [WBM] 60,000 in China (1990 J-O Svantesson). Awa Mountains, southwest Yunnan as far east as the Lancang (Mekong) River. *Alternate names :* AWA, WA, K'AWA, KAWA, WA PWI, WAKUT. *Classification :* Austro-Asiatic, Mon-Khmer, Northern Mon-Khmer, Palaungic, Western Palaungic, Waic, Wa.

WAKHI [WBL] 6,000 in China. Taxkorgan Tajik Autonomous County (especially Daftar), and in the mountains south of Pishan, Xinjiang. *Alternate names :* VAKHAN, WAKHANI, WAKHIGI, KHIK. *Dialects :* EASTERN WAKHI. *Classification :* Indo-European, Indo-Iranian, Iranian, Eastern, Southeastern, Pamir.

WAXIANGHUA [WXA] 300,000 (1995 Milliken). A 6,000 square km. area in western Hunan Province, Wuling Mts., including Yuanling, Chunxi, Jishou, Guzhang, and Dayong. *Alternate names :* XIANGHUA, WOGANG.

Classification : Unclassified.

WUTUNHUA [WUH] 2,000 (1995). Eastern Qinghai Province, Huanganan Tibetan Autonomous Prefecture, Tongren County, Longwu township, Upper and Lower Wutun villages and Jiangchama village. *Alternate names :* WUTUN. *Classification :* Mixed Language, Chinese-Tibetan-Mongolian.

XIANDAOHUA [XIA] 100 (1994) . Xiandao and Meng'e villages, Manmian Township, Jiemao District, Yingjiang County in the Dehong Dai-Jingpo Autonomous Prefecture in extreme western Yunnan. *Classification :* Sino-Tibetan, Tibeto-Burman, Lolo-Burmese, Burmish, Unclassified.

XIBE [SJO] 27,364 speakers (1995 McConnel) out of 33,082 in ethnic Xibe in Xinjiang Province, 172,847 in the nationality (1990 census). 50,000 ethnic Xibe in northeast China speak Chinese as mother tongue. Mainly in lli region of Xinjiang Province, and some in Urumqi City and Tacheng region of Xinjiang Province. *Alternate names :* SIBO, XIBO, SIBE. *Classification :* Altaic, Tungus, Southern, Southwest.

YERONG [YRN] 300 to 400 (1990 Liang Min). Western Guangxi Zhuang Autonomous Region, Napo County, Longhe Township and Pohe Township, just northeast of where Yunnan, Guangxi, and Viet Nam meet. *Alternate names :* DABAN YAO. *Classification :* Tai-Kadai, Kadai, Bu-Rong.

YI, CENTRAL [YIC] 460,000 (1991 EDCL). 6,572,173 in the official Yi nationality (1990 census). Covering much of central Yunnan, including Chuxiong Yi Autonomous Prefecture, Dali Bai Autonomous Prefecture, and Simao District. *Dialects :* DAYAO (NORTH CENTRAL YI), NANHUA (SOUTH CENTRAL YI). *Classification :* Sino-Tibetan, Tibeto-Burman, Lolo-Burmese, Loloish, Northern, Yi.

YI, GUIZHOU [YIG] 800,000 (1991 EDCL). 6,572,173 in official Yi nationality (1990 census). Guizhou Province, Weining

Yi-Hui-Miao Autonomous County, Dafang Autonomous County, Hezhang County, Pan County; some in the Baise District of Western Guangxi. *Alternate names :* EASTERN YI, SOUTHEATERN YI. *Dialects :* DIAN-QIAN (YUNNAN-GUIZHOU, PAN COUNTY), DIAN DONGBEI (NORTHEASTERN YUNNAN). *Classification :* Sino-Tibetan, Tibeto-Burman, Lolo-Burmese, Loloish Northern, Yi.

YI, SICHUAN [III] 1,600,000 speakers (1991 EDCL), out of 6,572,173 in official nationality (1990 census). Mainly in Greater and Lesser Liangshan Mountains, southern Sichuan, southeast Xizang (Xichang). Yangshan is a cultural center. Yi in Gulin County are reported to no longer speak Yi. In northwestern Yunnan. Spoken in over 40 counties. *Alternate names :* NORTHERN YI, I, 'LOLO', 'NORTHERN LOLO', SEN NOSU, GNI, NYI. *Dialects :* NORTHERN SICHUAN YI, SOUTHERN SICHUAN YI. *Classification :* Sino-Tibetan, Tibeto-Burman, Lolo-Burmese, Loloish, Northern, Yi.

YI, SOUTHEASTERN [YIE] 240,000 (1991 EDCL) including 90,000 Sani, 60,000 to 70,000 Axi, 30,000 to 40,000 Axhebo, 20,000 or more Awu (1999). Eastern and southeastern Yunnan in the Qujing District and in Honghe Hani-Yi Autonomous Prefecture and Wenshan Zhuang- Miao Autonomous Prefecture. The Sani dialect is in Shilin Country just east of Kunming and surrounding counties; the Axi dialect is mainly in Mile County southeast of Kunming. *Dialects :* SANI, AXI (MILE, AHI), AWU, AXHEBO. *Classification :* Sino-Tibetan, Tibeto-Burman, Lolo-Burmese, Loloish, Northern, Yi.

YI, WESTERN [YIW] 300,000 (1991 EDCL). 6,572,173 in official Yi nationality (1990 census). West central Yunnan, over 20 counties. *Dialects :* DONGSHAN, XISHAN. *Classification :* Sino-Tibetan, Tibeto-Burman, Lolo-Burmese, Loloish, Northern, Yi.

YI, YUNNAN [NOS] 800,000 or slightly fewer (1991 EDCL). Central Yunnan, in Yuxi and Simao districts and Honghe Hani-Yi Autonomous Prefecture. *Alternate names :* SOUTHERN YI, SOUTHERN NOSU, SHUI NOSU, NOSU, NASU, NASO, NYI, GNI, I. *Dialects :* SHIJIAN, YUANJIN, EXIN. *Classification :* Sino-Tibetan, Tibeto-Burman, Lolo-Burmese, Loloish, Northern, Yi.

YUGUR, EAST [YUY] 3,000 (1991 EDCL). Northwest Gansu Province. *Alternate names :* SHIRA YUGUR, SHERA YOGUR, EASTERN YOGOR, YOGUR, YUGU, YUGAR. *Classification :* Altaic, Mongolian, Eastern, Mongour.

YUGUR, WEST [YBE] 4,600 speakers out of ethnic group of 12,297 (1990 census). Sunan Yugur Autonomous County near Zhangye (Kanchow) in northwest Gansu Province. *Alternate names :* SARYGH UYGUR, SARIG, YA LU, YELLOW UIGHUR, SARI YOGUR, YUKU, YUGU, SARY-UIGHUR. *Classification :* Altaic, Turkic, Eastern.

ZAIWA [ATB] 70,000 in China (1990 J-O Svantesson). Population total both countries 100,000. *Alternate names :* TSAIWA, ATSI, ATZI, AJI, ATSHI, ACI, AZI, ATSI-MARU, SZI, XIAOSHANHUA. *Dialects :* ZAIWA, LANGWA, POLO. *Classification :* Sino-Tibetan, Tibeto-Burman, Lolo-Burmese, Burmish, Northern.

ZAUZOU [ZAL] 1,500 (1990 J-O Svantesson). Northwestern Yunnan Province, Lanping and Lushui counties. *Alternate names :* ROU\ROU, RAOROU, JAOJO. *Classification :* Sino-Tibetan, Tibeto-Burman, Lolo-Burmese, Loloish, Unclassified.

ZHABA [ZHA] 7,700 (1995). Zhamai District of Yajiang (Nyagquka) County and Zhaba District of Daofu (Dawu) County, which are in the Ganzi (Garze) Tibetan Autonomous Prefecture of western Sichuan. *Classification :* Sino-Tibetan, Tibeto-Burman, Tangut-Qiang, Qiangic.

ZHUANG, NORTHERN [CCX] 10,000,000 speakers (1992 J.A.

Edmondson) out of 15,489,630 in the Zhuang nationality (1990 census), including Yongbei 1,600,000 Youjiang 732,000 Guibian 522,000 Liujiang 1,300,000 Guibei 1,300,000 Hongshuihe 2,700,000 Qiubei (not available). Northern Guangxi Zhuang Autonomous Region, Wenshan Zhuang-Miao Autonomous Prefecture. Guizhou Province, Congjiang County, southwestern Hunan and northeastern Guangdong in Lianshan Zhuang-Yao Autonomous County. Yongbei is north of the Yongjiang and YUoujiang rivers in the area from Hengxian to Pingguo; Hongshuihe is along the Red Water River; Liujiang around the town of Liujiang west of Liuzhou city; Youjiang straddles the Youjiang River in the area from Tiandong to Baise; Guibian in the northwesternmost region of Guangxi (Guibain lies across north central Guangxi); and Quibei around the town of Qiubei in Yunnan. *Alternate names :* CHUANG, TAI CHUANG, VAH CUENGH, CANGVA. *Dialects :* YONGBEI (YUNGPEI), LIUJIANG (LIUCHIANG), YOUJIANG (YUCHIANG), GUIBIAN (KUEIPIEN), QIUBEI (CHIUPEI), HONGSHUIHE, GUIBEI. *Classification :* Tai-Kadai, Kam-Tai, Be-Tai, Tai-Sek, Tai, Northern.

ZHUANG, SOUTHERN [CCY] 4,000,000 speakers (1990 J-O Svantesson) out of 15,489,630 in the Zhuang nationality (1990 census), including Yongnan 1,400,000, Zuojiang 1,400,000 De-Jing 980,000 Yan-Guang (not available), Wen-Ma 100,000. Southwest Guangxi and southern Wenshan Zhuang-Miao Autonomous Prefecture of southeastern Yunnan Province. Yongnan is south of the Yongjiang River from Yongning in the east to Long'an in the west: Zuojiang is in southwestern Guangxi aroung Tiandeng, Daxin, Chongzuo, Longzhou, Pingxiang, and Ningming, down to the Viet Nam border; De-Jing is in southwestern Guangxi around Debao, Jingxi, and Napo, down to the Yunnan and Viet Nam borders; Wen-Ma is in southeastern Yunnan Province south of Wenshan and Malipo, but excluding an area west of Maguan; Yan-Guang is in southeastern Yunnan Province north of Wenshan and Malipo, including Yanshan and north to Guangnan, and west of Maguan along the Viet Nam border. *Dialects :* YONGNAN (YUNGNAN), ZUOJIANG (TSOCHIANG), DE-JING (TECHING), YAN-GUANG (YENKUANG), WEN-MA. *Classification :* Tai-Kadai, Kam-Tai, Be-Tai, Tai-Sek, Tai, Central.

EXTINCT LANGUAGES

JURCHEN [JUC] *Alternate names :* NUZHEN, NUCHEN. *Classification :* Altaic, Tungus, Southern, Southwest.

Deaf sign languages

CHENESE SIGN LANGUAGE [CSL] (3,000,000 deaf persons in China; 1986 Gallaudet Univ.) Also spoken in Malaysia, Taiwan. *Dialects :* SHANGHAI SIGN LANGUAGE. *Classification :* Deaf sign language.

CITIES AND PROVINCES

Facts & Figures

The total number of **Chinese Cities** is 666.
11 cities with population over 2 million;
23 cities with population between 1 million and 2 million;
44 cities with population between 500,000 and 1 million;
159 cities with population between 200,000 and 500,000;
393 cities with population less than 200,000.

The number of **Mayoress** in China is 375;
The total **Urban Population** in China is 515.11 million (1996).

There are 5 Provinces with population over 50 million (2001)

All of China's 4 municipalities with population over 10 million (2001)

The most populated Administration Division: Henan Province with population 92.56 million (2001)

The least populated Administration Division: Tibet (Xizang) Autonomous Region with population 2.62 million (2001)

Chinese Cities, Provinces, Governors

Anhui Province (Capital: Hefei)

Area : 139,000square km; **Population :** 60.70 million

Major Cities : Huagshan; Bengbu; Tomgling; Ma'anshan

Beijing (China's Capital, Municipality)

Area : 16,800 square km. **Population :** 13.82 (2001)

Chongqing (Newly Promoted as Municipality in 1997)

Area : 82,000 square km **Populatuion :** 30.90 million (2001)

Fujian Province (Capital: Fuzhou)

Area: 120,000 square km. **Population :** 32.61 million

Major Cities: Xiamen; Zhangzhou

Gansu Province (Capital: Lanzhou)

Area : 450,000 square km. **Population :** 24.67 million

Major Cities : Dunhuang; Jiayuguan; Jiayuguan

Gangdong Province (Capital: Guangxhou)

Area : 186,000 square km. **Population :** 69.61 million

Major Cities : Guangxhou (**Area :** 7434.4 square kilometers; **Population** 10.15 million); Chaoxhou; Dongguan; Shantou; Shenzhen **Area :** 2,020 kilomters **Population :** 4.05 million; Shunde; Zhuhai;

Guangxi Zhuang Autonomous Region (Capital: Nanning)

Area : 236,300 square km. **Population :** 48.89 million.

Major Cities: Beihai; Guillin; Liuzhou.

Guizhou Province (Capital: Guiyang)

Area : 176,100 square km. **Population :** 36.576 million

Major cities : Anshun; Zunyi

Hainan Province (Capital: Haikou)

Area : 34,000 square km. **Population :** 7.34 million

Major Cities : Sanya

Hebei province (Capital: Shaijiazhuang)

Area : 190,000 square km. **Population :** 64.84 million

Major Cities : Cangzhou; Chengde; Qinhuangdao (Including Beidaihe and Shanhaiguan); Tangshan; Baodimg; Zhangjiakou

Heilongjiang province (Capital: Harbin)

Area : 469,000 square km **Population :** 37.28 million

Major Cities : Hailaer; Mohe; Mudanjiang; Qiqihar; Suifenhe

Henan province (Capital Zhengzhou)

Area : 167, 000 square km. **Pouplation :** 92.56 million (2001)

Major Cities : Anyang; Kaifeng; Luoyang; Sanmenxia

Hong Kong Special Administrative Region (HKSAR)

Area : 1,092 square km. **Population :** 6.86 million (2001)

Hubi Province (Capital: Wuhan)

Area : 187,400 square km. **Population :** 58.25 million

Major Cities : Huangshi; Shiyan; Shashi; Xiangfan; Yicheng;

Hunan Province (Capital: Changsha)

Area : 210,000 square km. **Population :** 64.28 million

Major Cities: Changde; Dayong; Hengyang; Xiamgtan; Zhangjiajie

Inner Mongolia Autonomous Region (Capital: Hohhot)

Area : 1,183,000 square km. **Population :** 23.07 million

Major Cities : Baotou; Chifeng; Wuhai

Jiangsu Province (Nanjing)

Area : 102,600 square km. **Population :** 71.10 million

Major Cities : Nanjing, Lianyungang; Suzhou, Wuxi; Zhenjiang.

Jiangxi Province (Capital: Nanchang)

Area : 166,600 square km. **Population :** 41.05 million

Major Cities : Jiujiang; Lushan. Jian, Jinggangshan

Jilin Province (Capital: Changchun)

Area : 187,000 square km. **Population :** 26.10 million

Major Cities : Jilin; Tuman; Yanji

Liaoning Province (Capital: Shenyang)

Area : 145,700 square km. **Population :** 41.16 million

Major Cities : Shenyang; Dalian; Dandong; Anshan, Wafangdian

Macao Special Administrative Region (MSAR)

Area : 23.5 square km. **Population :**137,455

Ninagxia Hui Autonomous Region (Capital: Yinchuan)

Area : 66,400 square km. **Population :** 5.21 million

Major Cities : Shzuishan

Qinghai Province (Capital: Xining)

Area : 720,000 square km. **Population :** 4.88 millions

Shaanxi Province (Capital: Xi'an)

Area : 205,000 square km. **Population :** 35.43 million

Major Cities : Xianyuang; Baoji; Hazhong;

Shandong Province (Capital: Jinan)

Area : 153,000 square km. **Poplation :** 90.79 million (2001)

Major Cities : Weihai (**Area :** 5,436 square kilometers; **Populaton:** 2.462 million; Mayor: Cui Rechen), Dezhou; Linyi;

Qingdao; Qufu; Tai'an; Yantai

Shanhai (Municipality)

Area : 6,200 square km. **Population :** 16.74, million (2001)

Shanxi Province (Capital: Taiyuan)

Area : 156,000 square km. **Population :** 31.09 million

Major Cities : Datong; Linfen; Yangquan

Sichuan Province (Capital: Chengdu)

Area : 488,000 square km. **Population :** 84.28 million

Major Cities : Chengdu (**Area :** 12,390 square kilometers; **Population :** 9.97 millioon) Emeishan, Zigong; Daxianshi

Taiwan (Refer to Taiwan Issue)

Area : 36,000 square km. **Population :** 21.30 million

Capital : Taipei

Tianjin (Municipality)

Area : 11,300 square km. **Population :** 10.01 million (2001)

Tebet (Xizang) Autonomous Region (Capital: Lhasa)

Area : 1,22,000 square km. **Population :** 2.62 million (2001)

Major Cities : Xigaze

Xinjiang Uygur Autonomous Region (Capital: urumqi)

Area : 1,600,000 square km. **Population :** 16.89 million

Major Cities : Kalhgar; Turfan

Yunnan Province (Capital: Kunming)

Area : 394,000 square km. **Population :** 40.42 million

Major Cities : Kunming, Dali; Simao; Xishuangbanna

Zhejiang Province (Capital: Hangzhou)

Area : 101,800 square km. **Population :** 43.43 million

Major Cities : Hangzhou, Jiaxing; Ningbo; Shaoxing; Wenxhou;